歴史紀行ガイド

明智光秀の足跡をたどる旅

TOKYO NEWS BOOKS

歴史紀行ガイド

明智光秀の足跡をたどる旅

目次 contents

駆け足で振り返る 明智光秀の生涯････P4
明智光秀の生涯･･･････････････P8

岐阜県 ･･････P10
1 岐阜城･･･････････････P12
2 明智城跡･･････････････P16
3 天龍寺･･････････････P18
4 明知城跡･･････････････P20
5 龍護寺･･････････････P22
6 一日市場八幡神社･･･････P24
7 桔梗塚･･･････････････P25

福井県 ･･････P26
8 一乗谷朝倉氏遺跡･･････P28
9 明智神社･･･････････････P32
10 称念寺･･････････････P34
11 金ヶ崎城跡･･････････P36

滋賀県 ･･････P38
12 坂本城跡･･･････････P40
13 比叡山延暦寺･････････P44
14 安土城跡･･････････P48
15 西教寺･･････････････P50
16 明智塚･･････････････P52
17 聖衆来迎寺･･･････････P54
18 盛安寺･･････････････P56

京都府 ･･････P58
19 本能寺･･････････････P60
20 丹波亀山城跡･････････P64
21 福知山城･･･････････P68
22 愛宕神社･･･････････P72
23 谷性寺･･････････････P74
24 小畠川･･････････････P76
25 明智光秀胴塚･････････P77
26 明智光秀の首塚･･････P78
27 明智藪･･････････････P79
28 境野1号墳・恵解山古墳･･･P80
29 盛林寺･･････････････P81
30 御霊神社･･･････････P82
31 山崎合戦古戦場碑･････P84
32 慈眼寺･･････････････P86
33 明覚寺･･････････････P88
34 法鷲寺･･････････････P89
35 正眼寺･･････････････P89
36 照仙寺･･････････････P90
37 観瀧寺･･････････････P90
38 瑞林寺･･････････････P91
39 天寧寺･･････････････P92
40 薬師寺･･････････････P93
41 南禅寺金地院「明智門」･･･P94
42 妙心寺･･････････････P95

大阪府 ……P96
- 43 光秀寺……………P98
- 44 石山本願寺…………P100

兵庫県 ……P102
- 45 黒井城跡……………P104
- 46 興禅寺………………P108
- 47 八上城跡……………P110
- 48 金山城跡……………P114
- 49 祖父祖父堂…………P116
- 50 妙法寺………………P117
- 51 円通寺………………P118
- 52 誓願寺………………P119
- 53 柏原八幡神社………P120

和歌山県・奈良県 …P122
- 54 高野山 奥之院………P124
- 55 信貴山城址…………P126

コラム
光秀の「3つの謎」に迫る!
1. 候補地は6カ所?…………P37
   本当の出生地はどこだ!
2. 本能寺の変は……………P49
   なぜ起きたのか!
3. 光秀の最期は……………P55
   いつなのか?

DATAの見かた
- ☎…電話番号　住…所在地　営…営業時間
- 休…休業日(年末年始や長期休暇期間などについては各寺社・各施設へお問い合わせください)
- P…駐車場の有無　交…アクセス
- 他…その他特記事項　HP…ホームページアドレス

※本誌の掲載データは、2019年10月現在のものです。その後、各寺社・各施設の都合により変更される場合がありますので、予めご了承ください。
※掲載された金額は一部を除きすべて税込となります。

明智光秀の家紋は桔梗の花をあしらったもので、織田信長はその美しさをうらやましがったという逸話もある。

駆け足で振り返る
明智光秀の生涯

本当に光秀は悪役なのか？

　読者の皆さんは、明智光秀にどのようなイメージを持っているだろうか？

　恐らくほとんどの人が真っ先に思い出すのが「本能寺の変を起こし主君の織田信長を裏切った人物」というものであるに違いない。確かに日本史上最大のミステリーとも言われ、いったい真実はどうだったのかいまだに議論が百出する大きな出来事である。ただし、本能寺の変のインパクトがあまりに大きすぎるせいか、光秀に対する世間の認識は「裏切り者」「反逆者」といったマイナスなイメージが先行しているように思えてならない。

　今回、「明智光秀の足跡をたどる旅」製作委員会のひとりとして、彼のゆかりの地を訪ねたり調べたりする機会をもらったが、光秀について深く知れば知るほど、彼が単なる謀反人というそしりを受けることに違和感を覚えるようになってきた。戦が上手で、政治力もある一方、情に厚く、領民思いの一面を持っていたことを知ることができたからだ。ここでは、そんな光秀の知られざる側面にスポットを当てつつ、ざっと彼の半生を振り返ることとしたい。

逃亡先の越前で再起をはかる

　明智光秀は非常に謎多き人物でもある。享禄元（1528）年に美濃国（現在の岐阜県）で生まれたとされているが、出生地の候補がなんと5つもあるのだ。さらに言うと、実は近江国（現在の滋賀県）という説まである。出生に関する話は後ほどコラムで触れるとして、このように光秀の前半生はほぼ謎に包まれていると言っても言い過ぎではないだろう。

　そんな光秀が日本史の表舞台に顔を出すようになるのは、彼が30歳手前、「美濃のマムシ」と呼ばれた岐阜城城主である斎藤道三の家臣として仕えていた頃だ。弘治2(1556)年、道三と彼の息子である斎藤義龍との間で「長良川の戦い」が勃発。道三が敗れてしまう。光秀ら明智家の居城であった明智城は落城し、明智家も滅びることに。何とか逃げ延びることに成功した光秀は、明智家の復興を胸に越前国（現在の福井県）へと向かった。

　一度は貧しい浪人生活を送った後、朝倉家に仕官するようになった

光秀は、後に室町幕府最後の将軍となる足利義昭と運命的な出会いを果たす。兄である室町幕府13代将軍の義輝が殺害されたため、義昭は光秀と同様に越前へと逃亡を図っていたのだ。京へ戻り、将軍の座に就くために各地の大名に協力を打診する義昭の相談相手となった光秀は、織田信長こそが後ろ盾になってくれる存在だと助言。義昭と信長の仲を取り持つこととなったのである。

永禄11(1568)年、義昭の家臣となった光秀は信長と会い、義昭の将軍復帰を後押しする約束を取り付けた。その後、義昭と信長は上洛。義昭は室町幕府の15代将軍に就任した。彼らとともに上洛した光秀は、義昭からだけではなく信長からも頼りにされ、その存在感は日に日に増していくことになる。

将軍になったものの自らへの処遇に不満を抱くようになった義昭は、越前の朝倉義景と通じるように。そこで信長は光秀らを従え、越前へと出兵。信長の妹・お市の夫である浅井長政が朝倉軍に加勢したことから旗色の悪くなった信長は撤退を余儀なくされた。信長にとって初めての撤退戦となったが、この時、殿(しんがり)を務めたのが光秀と羽柴秀吉。信長軍が撤退するまでの時間を稼いだと言われている。これが、いわゆる「金ヶ崎の退き口」だ。

信長と朝倉・浅井連合軍はその後も対立。元亀2(1571)年に信長は比叡山延暦寺へ逃げ込んだ朝倉・浅井軍を滅ぼすため、比叡山の焼き討ちを実行。山全体を焼き尽くし、数千人を殺害した。この焼き討ちでも光秀は中心的人物として活躍。信長は光秀の働きぶりを認め、近江国を光秀に与えた。そこで光秀は琵琶湖のほとりに坂本城を築城。いまはもうその姿を見ることはできないが、安土城に次いで豪壮な城だったとの伝が残っている。

本能寺(京都府京都市)

福知山城（京都府福知山市）

丹波平定後は領民思いの善政を行う

　自らの野望である天下統一に向けて邁進する信長は、義昭を支持する国人が割拠する丹波（現在の京都府・兵庫県にまたがる地域）の攻略を光秀に命じた。光秀は「丹波の赤鬼」と呼ばれた赤井直正らをはじめとする難敵を相手に、苦労をしながらも5年ほどの歳月をかけて丹波平定に成功。福知山や亀岡などに城下町を整備し、統治した。

　丹波の国で光秀が行ったのは、地子銭（土地税）などを永代免除とするといった領民思いの政治。領民の多くは、光秀を名君として慕っていたという。丹波では、冒頭に挙げたイメージとは真逆の「名君」として、その功績は語り継がれている。

　本能寺の変が起こったのは、丹波平定から3年後の天正10（1582）年6月2日。中国征伐に出ていた秀吉の援軍として亀山城を出発したはずの光秀軍だったが、途中で引き返し信長のいた本能寺を急襲。敗戦を悟った信長は寺に火を付け、自害したという。今なおさまざまな憶測が飛び交っているが、なぜ光秀が信長を裏切ったのか、真相は分からずじまいである。

　本能寺の変からわずか10日ほどたった後の6月13日、光秀と秀吉の間で天下分け目の「山崎の戦い」が勃発した。秀吉が圧倒的な勝利を収め、光秀は坂本城へ逃げる途中で農民に襲われ死亡。坂本城も落城した。その一方で、生き延びて泉州（現在の大阪府）で隠棲をしていたという説もあるなど、その生涯は最期まで謎に包まれていると言えるだろう。

　駆け足で光秀の生涯をたどってきたが、彼に対するイメージは変わったのではないだろうか。出生地はどこか、なぜ本能寺の変を実行したのか、最期はどうなったのか…。多くの謎を残す彼の足跡をたどることで、あなたなりの新たな光秀像を見つけてみてはいかがだろうか。

（「明智光秀の足跡をたどる旅」製作委員会　鶴哲聡）

明智光秀の生涯

早わかり

History

主に過ごした場所	和暦	西暦	光秀の年齢	主な出来事	概要
美濃	享禄元年	1528	0	誕生	美濃国で明智光綱の長男として生まれる。　※諸説あり
	天文4年	1535	7	家督を継ぐ	父の光綱が死亡。叔父の明智光安が後見人となる。
	天文22年	1553	25	結婚	妻木範熙の娘・熙子と結ばれる。
	弘治2年	1556	28	長良川の戦い	主君である斎藤道三と息子・斎藤義龍の争いに巻き込まれる。道三は敗れ、光秀は明智城を追われた。
越前				越前国へ	各地を逃亡した後、越前国の朝倉義景に仕官することに。
	永禄9年	1566	38	足利義昭と出会う	後に室町幕府15代将軍となる足利義昭の幕臣となる。
	永禄11年	1568	40	義昭に信長を仲介	織田信長から義昭上洛の承認を得る。
京都				両属へ	信長にも仕えるようになる。
	永禄12年	1569	41	本圀寺の変	三好三人衆が義昭の宿舎を襲うも、光秀らが撃退
	元亀元年	1570	42	姉川の戦い	信長と義景の戦いが勃発。浅井長政の裏切りで信長は窮地に陥るが、しんがりを務めた光秀らの活躍によって無事に退却した（金ヶ崎の退き口）。
	元亀2年	1571	43	比叡山焼き討ち	比叡山に逃げ込んだ朝倉・浅井軍の残党を山ごと焼き殺した。光秀は実行部隊として功績を挙げる。

※本年表は「明智光秀の足跡をたどる旅」製作委員会が、各種資料をもとにまとめたものです。
　年表内の出来事の中には諸説、さまざまな解釈があるものも含まれます。

出生場所はもちろん、出生年やその最期についても諸説のある明智光秀。
ここでは、享禄元(1528)年に美濃国内で生まれ、
「山崎の戦い」からの敗走中に最期を迎えたという前提で、
彼の生涯を年表にまとめてみた。

主に過ごした場所	和暦	西暦	光秀の年齢	主な出来事	概要
近江	元亀3年	1572	44	坂本城を築城	比叡山焼き討ちなどの功績を信長に認められ、近江国滋賀郡を与えられる。琵琶湖畔に坂本城を建て、居城とする。
	元亀4年	1573	45	室町幕府滅亡	義昭が京都を追放される。
	天正3年	1575	47	丹波攻略へ	信長より丹波攻略を命じられる。
丹波	天正5年	1577	49	亀山城を築城	丹波国に亀山城を建て、2つ目の居城とする。
	天正7年	1579	51	丹波平定	5年の歳月をかけようやく丹波国を織田家の支配下とする
				福知山城を築城	横山城を修築。城下町の整備も行う。
	天正10年	1582	54	中国攻略へ	信長より羽柴秀吉とともに中国地方を攻略するよう命じられる。
				本能寺の変	中国地方への進軍途中に引き返し、信長が宿にしていた本能寺を襲う。
				中国大返し	信長死亡の知らせを受けた秀吉が、光秀を討つためわずか10日間で中国地方から京都へ引き返す。
				山崎の戦い	天王山で光秀と秀吉が激突。勝負はわずか1日で決した。
				死亡	秀吉に敗れた光秀は坂本城へ逃げる途中、農民に襲われ死亡。本能寺の変からわずか11日後のことだった。
				坂本城落城	秀吉軍の手によって廃城となる。

岐阜県

前半生を過ごした光秀出生の地

出生地については諸説あるものの、美濃国で生まれ育ったと言われている明智光秀。斎藤道三親子の争いに巻き込まれ、明智城を追われるまでの約30年を過ごした

❶ 岐阜城 …… P12-15	❺ 龍護寺 …… P22-23
❷ 明智城跡 …… P16-17	❻ 一日市場八幡神社 …… P24
❸ 天龍寺 …… P18-19	❼ 桔梗塚 …… P25
❹ 明知城跡 …… P20-21	

1 岐阜城（旧・稲葉山城）ぎふじょう

ふたりの君主が居城した物語の起点

岐阜県 岐阜市

岐阜城天守からの眺め。眼下に流れる長良川や遠く
に連なる山々の大パノラマが広がる

金華山の麓にある岐阜公園の中にある「信長の庭」。
信長が駆け抜けた戦国時代の荒々さをイメージ

下克上の斎藤道三と風雲児の織田信長
光秀の運命を変えた2人の武将の居城

岐阜市の中央部、清流・長良川のほとりにそびえる標高329mの金華山山頂上に建つ山城。金華山はかつて稲葉山と呼ばれていたことから、後に城主となる織田信長によって改名されるまでは稲葉山城との名で通っている。難攻不落の城として知られ、戦国の世には「美濃を制する者は天下を制す」という言葉が生まれるなど、天下統一を目指す武将たちにとってカギを握る重要な城でもあった。

岐阜城のルーツをたどると、鎌倉時代にまでさかのぼる。建仁元(1201)年に、鎌倉幕府の執事であった二階堂行政が金華山の山頂に砦を築いたのが始まりだと伝えられている。

戦国時代に入り「美濃のマムシ」と恐れられた斎藤道三も、岐阜城の城主のひとりだ。天文2(1533)年に入城すると、大改築を断行したほか、金華山の麓に伊奈波神社を移すなど城下町の整備を行った。道三が岐阜市民から今なお愛される存在であるのは、岐阜の街の礎を築いた人物でもあるからではないだろうか。

その道三が果たしたのが下克上だ。当時美濃国の守護として絶大な権力を握っていた土岐頼芸を追放し、美濃国を平定することに成功した。油売りの行商だった道三が、ついには美濃国の実権を握るまでになったという〝国盗り話〟はつとに有名だが、これは道三の父・長井新左衛門尉との事歴が重なっているのではないかという説が有力だ。

明智光秀が道三に仕えるようになったのは、道三が国盗りに成功したこの頃。道三の正室である小見の方は、光秀の叔母にあたり親戚関係になったためだと言われている。バイタリティーを発揮して、美濃国を治めるまでになった道三の生き方が、その後の光秀の人生に影響を及ぼしたことは間違いないと言えそうだ。

1.岐阜城の天守。昭和31(1956)年に再建されたもの。2.岐阜城の内部は展示室になっており、刀剣や甲冑などが展示されている。写真は織田信長の座像。3.金華山ロープウェー山頂駅から5分ほど歩き、二の丸門を抜けた辺りにある天守へと続く階段。

ここに立ち寄る！
岐阜観光と言えば長良川の鵜飼い

鵜を巧みに操って川魚を獲る1300年以上も続く伝統漁法。おもてなしの手法として最初に取り入れたのは織田信長だと言われている。開催期間は毎年5〜10月。金華山の麓にある乗り場から観覧船が出発する。問い合わせ：岐阜市鵜飼観覧船事務所 058・262・0104

DATA
- ☎ 058・263・4853
- 🏠 岐阜県岐阜市金華山天守閣18
- 🕐 8:30〜17:30(5月12日〜10月16日)、9:30〜16:30(10月17日〜3月15日)、6:30〜16:30(元日のみ)、9:30〜17:30(3月16日〜5月11日)
- 💴 大人200円、小人(4歳以上16歳未満)100円
- 休 無休　P あり(岐阜公園駐車場)
- 🚃 JR岐阜駅・名鉄「岐阜」駅よりバスで15分、岐阜公園からロープウェー
- 🌐 https://www.city.gifu.lg.jp

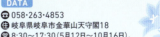

城主となった信長が天下統一の足がかりに

岐阜城の名を天下に知らしめたのは、戦国時代の風雲児・織田信長である。

弘治2(1556)年、「長良川の戦い」で実父・斎藤道三を討ち取った斎藤義龍が城主に収まるものの、5年後の永禄4(1561)年に急死。その息子の龍興が13歳という若さで跡を継いだ。かねてより美濃攻略を画策していた信長は永禄10(1567)年、岐阜城下に侵攻。龍興は開城を余儀なくされた。この戦に勝利した信長は本拠地を小牧山城から移し、城主となった。

信長は、この地でさまざまな改革を行っている。ひとつは地名の変更だ。それまで「井口(いのくち)」と呼ばれていたが、中国の「周の文王、岐山より起り、天下を定む」という故事にならい、この地から天下統一を目指すとの意味を込めて「岐阜」と名付けたと言われている。また、城下町に楽市楽座を設置し、商業を活性化させた。当時の町の様子をポルトガル人宣教師のルイス・フロイスは「バビロンの賑わいのようだ」などと伝えている。武力をもって天下を統一するという意味を込めた「天下布武」という印を使い始めたのもこの頃だ。

道三の死後、越前国に身を寄せていた明智光秀が、信長と出会ったのも同じ時期である。自分を支援する武将を探す室町幕府将軍・足利義昭に信長を紹介し、仲介役として働くうちに、織田家の家臣として引き立てられていくこととなった。

道三と信長。光秀が仕えた武将の居城となった岐阜城は、光秀の半生を語る上でさけて通ることのできない場所だと言えるだろう。

長良川の川面から見た金華山と岐阜城

織田信長によって稲葉山城から岐阜城に改名された

TOPICS
ロープウェーで快適に見学を

現在の天守は昭和31(1956)年に岐阜城再建期成同盟により、岐阜のシンボルとして再建された。鉄筋コンクリート造り3層4階構造で、城内は史料展示室、楼上は展望施設となっており、多くの市民や観光客が訪れる観光スポットとして人気を博している。天守がある山頂へは歩いても上れるが、金華山ロープウェーが便利だ。

NOW!
岐阜市街を見渡す夜景の名所

東は恵那山、北は乗鞍や日本アルプス、西は伊吹山に鈴鹿山脈など三方を雄大な山々に囲まれ、天気の良い日の見晴らしは最高。また、眼下を流れる長良川から南に広がる濃尾平野の眺めはぜひ夜にも楽しみたい。宝石箱をちりばめたような夜景の美しさは、神戸や函館にも負けないほど。開催時期を確認して出掛けてみては。

HISTORY

出来事	年	詳細
二階堂行政によって築城	建仁元(1201)年	鎌倉幕府の軍事目的のために築城されたと伝えられている
廃城からの復興	応永年間(1394~1428)年	美濃国守護の斎藤利永が城を修復して居城とする
斎藤道三が入城	天文2(1533)年	長井新左衛門尉の後を継ぎ城主となる
道三、嫡子に城を譲る	天文23(1554)年	道三が嫡子である斎藤義龍に城と家督を禅譲
織田信長が入城	永禄10(1567)年	稲葉山城の戦いに勝利し、本拠地を移す
織田信忠が城主に	天正4(1576)年	信長は息子の信忠を城主とし、美濃と尾張の2国を譲る
岐阜城の戦いで落城	慶長5(1600)年	最後の城主である織田秀信は福島正則らに攻められ落城する
徳川家康によって廃城に	慶長6(1601)年	徳川家康が廃城を決め、天守や石垣を加納城へ移す
復興天守が完成する	昭和31(1956)年	鉄筋コンクリート建築で金華山山頂に天守が復元される
国の史跡に指定される	平成23(2011)年	金華山一帯が岐阜城跡として国の史跡に指定

金華山のふもとにある斎藤道三の菩提寺

常在寺
じょうざいじ

常在寺。境内には斎藤道三の供養碑が建っている

　金華山の麓にある日蓮宗の寺院。室町時代の宝徳2(1450)年、美濃国守護代である斎藤宗円の子で、事実上美濃を支配していた斎藤妙椿(みょうちん)が建立している。

　斎藤道三とその父である長井新左衛門尉が、親子2代にわたり美濃国を制する拠点とした場所でもあった。道三は油売りの行商からやがては岐阜城の城主になったという話で有名だが、京都から美濃へやって来た商人は、父である長井新左衛門尉だと言われている。

　後に斎藤道三が菩提寺とし、道三・義龍・龍興と続く斎藤家3代の菩提寺となっていて、境内には斎藤道三公供養碑や斎藤家五輪塔などが建っている。また、500年ほど前に描かれたという道三と義龍の肖像画を寺宝として所有。国の重要文化財にも指定されている。

　毎年4月の第1土曜日には、岐阜市を代表する祭りのひとつで、道三の偉業をたたえる「道三まつり」が開催されるが、常在寺では祭りの開催に合わせて斎藤道三公追悼式を営んでいる。

DATA
- ☎ 058・263・6632
- 住 岐阜県岐阜市梶川町9
- 時 9:00~17:00(4月~10月)、10:00~16:00(11月~3月)
- 料 大人150円、小人100円
- 休 無休
- P 岐阜公園駐車場が利用可
- 交 JR岐阜駅・名鉄「岐阜」駅よりバスで15分

2 明智城跡 あけちじょうせき

光秀誕生の伝説が残る

岐阜県 可児市

ハイキングコースも人気。休みになると健脚自慢が大勢集まってくる

明智城が建っていたという山頂の様子。光秀はここで生まれたとされている

豊かな自然に囲まれた山城
「長良川の戦い」で敗れ落城する

日本史上の重要な人物のひとりである明智光秀。しかし、生誕年が分からないなど、その前半生はなにかと謎めいている。中でも最大のミステリーは、光秀はどこで生まれたのか、だ。

美濃国の各所に光秀誕生の伝説が残っているが、可児市にある明智城も生誕地候補のひとつである。その理由は「光秀が生まれてから落城までの約30年を過ごした地」という言い伝えが残っているからだ。

明智城は室町時代の康永元(1342)年頃に、美濃国の守護の一族であった土岐頼兼によって築城された山城。弘治2(1556)年に光秀の叔父にあたる明智光安や、光安の弟である光久が城主であった時、稲葉山城の城主であった斎藤義龍の攻撃を受け、落城している。

光安から明智家の再興を託された光秀はこの難から逃れ、越前国へと身を寄せることとなった。

DATA
住 岐阜県可児市瀬田1238-3
営 9:00~16:00
P あり
交 電車/名鉄広見線「明智」駅より徒歩25分、車/東海環状自動車道可児御嵩ICより8分

食べたい！ご当地名物
老舗の酒蔵が仕込む『明智光秀』
林酒造は明治7(1874)年に開業した造り酒屋。清酒『富輿』の名で古くから可児で親しまれている。その老舗が地元への功績をたたえて商品化したのが『明智光秀』だ。純米酒、本醸造などがある。

1.山頂にある明智城址の碑。康永元(1342)年に土岐頼兼によって開城された。2.山頂の展望台からの眺め。3.敵の侵入を防ぐために設置された逆茂木(さかもぎ)。

TOPICS
本丸跡からの眺めは絶景
昔をしのばせる施設も残る

残念ながら今は天守の姿を見ることはできないが、本丸南側に建てられた馬防柵や落城時の戦没者を葬ったとされる七ツ塚、大きな石碑など、ところどころに往時の面影が残っていて、歴史好きにはたまらないスポット。また、本丸跡には展望台が設けられていて、可児の市街地を一望にすることもできる。

NOW!
自然を生かした遊歩道が人気
光秀気分で歩いてみては

明智城は自然の地形を生かして建てられた典型的な中世の山城だ。現在では、遊歩道が整備されている。ハイキングコースとして有名で、休日などは大勢のハイカーが思い思いに散策を楽しんでいる。ここで暮らした光秀や明智一族に思いを馳せながら、自然の中でのウオーキングを楽しんでみてはいかがだろう。

岐阜 GIFU
福井 FUKUI
滋賀 SHIGA
京都 KYOTO
大阪 OSAKA
兵庫 HYOGO
和歌山・奈良 WAKAYAMA・NARA

3 明智家にゆかりの深い寺院
天龍寺 てんりゅうじ

岐阜県 可児市

天龍寺は明智城跡への入り口となる大手門からすぐの場所にある

明智氏歴代之墓所には、小さな供養塔が20体以上も並んでいる

光秀の命日にちなんだ
高さ六尺一寸三分の位牌

明智城跡があるうっそうとした緑深い森と、明智荘と呼ばれる水田地帯に囲まれた曹洞宗の寺院。

すぐそばには、明智城跡への入り口となる大手口があることからもわかるように、明智一族とのつながりが深いことでも知られている。もともと同じ場所に伝龍寺という寺院があったが廃寺となったため、その跡地に建立された。

境内や本堂には、明智一族とのつながりの深さを示すものが、いくつもある。そのひとつが、境内にある明智家歴代の墓所だ。代々明智家の歴史を築いてきた人々の墓石がいくつも並べられている。また、本堂には、明智光秀の位牌が。その位牌には「長存寺殿明窓玄智大禅定門」という戒名が刻まれている。高さはなんと六尺一寸三分（約184cm）。もちろん、位牌としては日本一の大きさだという。実はこのサイズには意味がある。光秀の命日である6月13日にちなんでいるのだそうだ。

DATA
☎ 0574・62・1859
住 岐阜県可児市瀬田1242
営 9:00～16:00
P あり
交 電車/名鉄広見線「明智」駅より徒歩で15分、車/東海環状自動車道可児御嵩ICより10分

ここに立ち寄る！
世界最大級のバラ園
天龍寺から数百m東側にあるのが「花フェスタ記念公園」だ。敷地の中には色とりどりの花が咲いている。中でも、バラは種類も量も豊富。世界最大級のバラ園と言われるだけのことはある。

1.明智一族とのゆかりの深い天龍寺。2.境内には明智家歴代の武将らが眠る「明智氏歴代之墓所」がある。3.美しい花が咲き誇る「花フェスタ記念公園」。

TOPICS
御朱印をゲットするなら毎月最終金曜日がおすすめ
現在、静かなブームとなっている御朱印集め。その場所ならではの御朱印を求めて各地の神社仏閣を訪れているという人も少なくないようだ。天龍寺では、書き置きタイプの御朱印を1枚300円で配布しているが、毎月最終金曜日のみ「金の御朱印」を用意している。普段は手にすることのできない特別な1枚をゲットしよう。

NOW!
光秀の功績をしのび毎年6月に供養祭を開催
「本能寺の変」で主君の織田信長を討った謀反人とのイメージが強い光秀だが、地元では教養があり善政を行った人物として知られている。そんな光秀の功績をたたえて、昭和48（1973）年から地元の有志が中心になって行っているのが「光秀供養祭」だ。毎年6月の命日に近い日に天龍寺で厳かに行われている。

岐阜県 恵那市

4 明知城跡 あけちじょうせき

ここにもあった光秀の生誕伝説

木々が生い茂る落合砦の山頂部。
現在は散策路が整備され、ハイキング気分で登ることができる

光秀の産湯としてこの井戸の水が使われたとの
伝承が残る

産湯の井戸や自ら植えた楓(かえで)など
光秀ゆかりの史跡が数多く残る

呼び方は同じ「あけちじょう」だが、岐阜県恵那市明智町にあるこちらの城は「明るい智」ではなく「明るい知」と書く。明知城は標高530mの通称・城山の頂上に築かれた、自然の地形を利用し原型をとどめる平山城。俗に白鷹城と呼ばれ、岐阜県の指定文化財となっている。

宝治元(1247)年に遠山三郎兵衛景重が築城。以来、主な城主は明知遠山氏が務めてきた。恵那市明智町には、明智光秀の生誕地であるという伝説が残っている。それが「光秀公産湯の井戸」。南北街道が見渡せることから明知城の前線基地となっていた落合砦(千畳敷公園)で光秀は生まれ、産湯として使ったとされる井戸が今も残されている。

このほか、若き光秀が京から招いた学僧に習った学問所や本人が植えたという楓、光秀のご母堂、於放の方の墓所など、明知城周辺には光秀にまつわる史跡が数多く残り、楽しむことができる。

DATA
- 岐阜県恵那市明智町
- 電車/明知鉄道「明智」駅より本丸まで徒歩30分、車/中央自動車道恵那ICより40分

知っておくべき光秀用語

明知遠山氏の子孫は遠山の金さん

明知遠山氏の居城として築城された明知城は、関ヶ原の戦いの際に遠山利景によって平定された。時代劇『遠山の金さん』のモデルとなった遠山景元は、利景の子孫にあたる。

1. 明知城は恵那市では岩村城に次ぐ規模の城郭。曲輪、堀切、切岸などが残されている。2. 光秀が建立した柿本人麻呂神社と手植えの楓。3. 光秀が勉学に励んだと言われる明智光秀公天神神社と学問所。

TOPICS
大正ロマンあふれる施設で大河ドラマの余韻に浸ってみよう

明知城跡のある城山の麓に広がっているのが日本大正村。蚕糸を地場産業としていた大正時代の町並みをそのまま保存している野外博物館だ。その一角にある大正ロマン館1階には期間限定で「大河ドラマ館」が開設され、ドラマに登場する小道具や衣装が展示される。散策途中で立ち寄ってみてはいかがだろうか。

NOW!
明知城跡に散策道 見晴らしのよい絶景スポットも

明知城があった城山は、現在公園として整備され、散策道が設けられている。もちろん天守はなく、石垣も多くは見ることができないが、曲輪などは良好な状態で保存されている。直線距離で700mほど離れた落合砦は現在、千畳敷公園として市民の憩いの場に。とくに展望台は絶景スポットとして人気が高い。

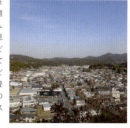

5 龍護寺 りょうごじ

光秀の供養塔を祭っている

岐阜県 恵那市

龍護寺への最寄り駅となる明知鉄道の明智駅。
光秀巡りの旅はのんびり電車に揺られて楽しみたい

光秀の供養塔。建物の前には明智家の家紋である
桔梗紋と光秀の肖像画が飾られている

光秀の遺品が縫い込まれた袈裟が寺宝として伝わる

慶長元(1596)年に明知城主の遠山利景が建立した臨済宗妙心寺派の寺院。建立以来、明知遠山氏の菩提寺で、本堂の横には同家代々の墓がある。

龍護寺は、明智光秀とも結び付きが深い。境内の入り口に佇む「明智光秀公御霊廟」の中には、光秀の悲痛な思いによって斜めに大きくひびが入ったとされる供養塔が鎮座。また、寺宝である「九条衣の袈裟」(非公開)には、次のような言い伝えが残っている。

「ある夜、光秀の家来であった落ち武者が龍護寺を訪れた。その落ち武者は無念の死を遂げた光秀の遺品である直垂(ひたたれ＝武士の衣服)を持参し、寺に永代供養をお願いして去っていった。その願いを受けて、寺では九条衣と呼ばれる袈裟の四隅にこの直垂の布を縫い込み、寺の宝として大切に保管することとした」

DATA
☎ 0573・54・2540
🏠 岐阜県恵那市明智町1389-1
🚃 電車/明知鉄道「明智」駅より徒歩8分、車/中央自動車道恵那ICより30分

食べたい！ご当地名物
タレも形もさまざまな五平餅
岐阜県東濃地方に伝わる郷土料理。米をつぶし、串に巻き付け、タレをつけて香ばしく焼き上げた一本は、食欲をそそる。店によって味噌や醤油などタレも違えば、わらじ形やだんご形など形もさまざまだ。

1.明智光秀の霊を祭った「明智光秀公御霊廟」。龍護寺の境内の入り口近くにある。2.光秀は明知城で出生したという言い伝えがあり、出生地であることを示す碑が建っている。3.岐阜県東濃地方の郷土料理である五平餅。香ばしい匂いが食欲をそそる。

TOPICS
明知遠山氏の墓地にある二座の観音菩薩像
明知遠山氏代々の墓地には、二座の如意輪観音菩薩像が建てられている。ひとつは遠山伊次の後室・涼光院、もうひとつは2代にわたり大奥の老女となった遠山景逵(かげみち)の娘・岩岡局をモチーフにしたもの。明知遠山氏と土岐遠山氏の関わりの深さを示すこととなる桔梗の紋が用いられている。

NOW!
毎年5月3日は光秀まつり 光秀を供養する仏事も
毎年5月3日には恵那市明智町一帯で、光秀の功績をしのぶ「光秀まつり」を大々的に開催。まつりでは明智光秀を先頭に甲冑を着た武将が町を練り歩く武将行列や火縄銃の演武などが行われ、町は大勢の人出で賑わいを見せる。龍護寺では、この光秀まつりに合わせて、明智光秀公供養がしめやかに執り行われる。

6 一日市場八幡神社 (ひといちばはちまんじんじゃ)

明智家とゆかりの深い土岐一族の発祥地

岐阜県 瑞浪市

DATA
- 岐阜県瑞浪市土岐町402
- P なし(但し教育支援センター閉館時P利用可)
- 電車/JR中央線「瑞浪」駅より徒歩5分、車/中央自動車道瑞浪ICから5分

土岐一族であったとされる明智家ゆかりの地

1. 明智光秀ゆかりの地であることを示す碑と2体の像(右が光秀、左が土岐光衡)が建っている。2. 土岐一族の居城とされた鶴ヶ城跡。3. 往時をしのばせる土塁がある。

ここに立ち寄る！
世界一が3つある市

瑞浪市には、高さ3.3m、重さ15tという世界一大きな美濃焼のこま犬、高さ5.4m、直径4mの世界一の茶壺「豊穣の壺」、直径2.8m、重さ1.2tの世界一の大皿「瑞祥」と3つのギネス認定世界一がある。

TOPICS
江戸期から残る本殿 美しい彫刻に注目

本殿の裏には土塁と思われる遺構があり、周辺では鎌倉時代を中心とする陶磁器片なども多数採取されている。現在の本殿は、江戸時代である安政7(1860)年に建築されたもので、見事な立川流の彫刻が彫られている。

NOW！
光秀の像が建つ 生誕地候補のひとつ

神社の東側の隅にある「明智光秀公像」は平成18(2006)年に建てられたもの。像のそばには土岐一族にまつわる解説が書かれた石碑があるので必見だ。この近隣には土岐光衡が築城したといわれる鶴ヶ城もある。

美濃源氏・土岐一族発祥の地とされる場所。古くは高野と呼ばれた地で、丘陵の最先端の高台に築かれており、平時の居館としては申し分のない場所であったようだ。

土岐光衡は、この地に一日市場館という居館を建てて勢力を伸ばし、鎌倉幕府とともに栄えていったという伝が残っている。

光秀は享禄元(1528)年に土岐郡高野(瑞浪市土岐町)で生まれ、2歳の時に明智城代である明智光安に引き取られたという言い伝えもあり、付近の尾形と呼ばれる場所には産湯として使われた井戸が残されていたとされる。

7 桔梗塚 (ききょうづか)

光秀は生き延びていたという謎が眠る

岐阜県 山県市

荒深小五郎と名を変え生涯を終えたと言われる地

DATA
- ☎ 0581・22・6831（山県市まちづくり・企業支援課）
- 岐阜県山県市中洞1020 中洞白山神社
- P あり
- 交 バス/岐阜バス岐阜板取線「樫瀬」バス停下車徒歩16分
- 車/東海環状自動車道関広見ICから16分

知っておくべき光秀用語

とても珍しい水色桔梗紋

明智家の家紋である桔梗紋。土岐明智家の発祥地である土岐が、桔梗の古語である「おかととき」にちなんでいることから桔梗を家紋にした。単色使いで、鮮やかな水色を使っているのも特徴的だ。

1.光秀の母が産湯を汲んだという言い伝えが残る井戸の跡。2.光秀の母が光秀を身ごもった際、「天下を取る男子を」と祈りを捧げた行徳岩。

TOPICS

桔梗塚の名は明智家の家紋が由来

桔梗塚の左手にある石塔と五輪塔が、光秀の墓だと言われている。明智家の家紋である桔梗紋は土岐氏の水色桔梗紋から用いたものと考えられる。「桔梗塚」と呼ばれるようになったのはこの家紋が由来とされている。

NOW!

毎年4月と12月に供養祭を開催

光秀の母が彼を身ごもった際、「たとえ三日でも天下をとる男の子を…」と祈ったとされる行徳岩をはじめ、近隣には光秀ゆかりのある地が多くある。毎年4月と12月に行われる供養祭に合わせて出掛けてみては。

桔梗塚のある中洞白山神社の目の前には明智光秀ゆかりの「産湯の井戸跡」が。光秀はこの中洞で土岐四郎基頼と地元の豪族の娘との間に生まれ、この井戸で光秀の母が産湯を汲んだと言われている。その後、明智城主である明智光綱の養子となったという言い伝えもある。

光秀は、天正10(1582)年の「山崎の戦い」で討ち死にしたと言われているが、それは影武者で、光秀は中洞に落ち延びたとも言われている。身代わりとなった影武者の荒木山城守行信に深い恩を感じていたことから「荒深小五郎」と改名。その後、関ヶ原の合戦に向かう途中の川を馬で越えようとしたときに洪水に巻き込まれ溺死し、従者たちが遺品を持ち帰り、光秀の墓として桔梗塚を建てたと伝えられている。

岐阜 GIFU
福井 FUKUI
滋賀 SHIGA
京都 KYOTO
大阪 OSAKA
兵庫 HYOGO
和歌山・奈良 WAKAYAMA・NARA

朝倉氏に仕え、足利義昭と出会う

福井県

明智家の再興を託された光秀は、
越前国の朝倉義景の元で浪人生活を送った。
京から逃げ込んだ足利義昭との出会いが
再び光秀を歴史の表舞台へといざなうことになる

8 一乗谷朝倉氏遺跡 ⋯⋯ P28-31
9 明智神社　　　　 ⋯⋯ P32-33
10 称念寺　　　　　 ⋯⋯ P34-35
11 金ヶ崎城跡　　　 ⋯⋯ P36

北ノ庄城
朝倉氏を攻め、光秀が
戦後処理したとされる

光秀も「金ヶ崎の戦い」
の殿を務めたとされる
11 金ヶ崎城跡
つるが　敦賀

若狭美浜
若狭三方
若狭上中
おばま　小浜
小浜線
舞鶴若狭自動車道
大飯高浜　小浜西

熊川宿得法寺
朝倉攻めの際、家康と
光秀が宿泊したと伝わる

熊川城跡
細川藤孝の妻は熊川城主・
沼田氏の娘とされる

26

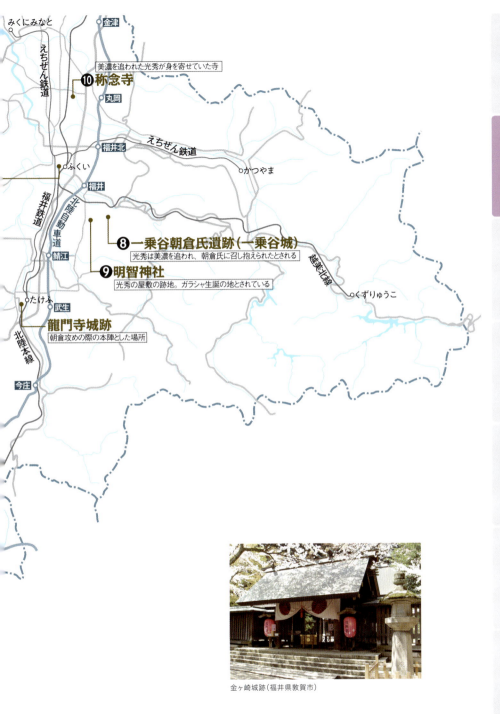

美濃を追われた光秀が身を寄せていた寺
❿ 称念寺

❽ 一乗谷朝倉氏遺跡(一乗谷城)
光秀は美濃を追われ、朝倉氏に召し抱えられたとされる

❾ 明智神社
光秀の屋敷の跡地。ガラシャ生誕の地とされている

龍門寺城跡
朝倉攻めの際の本陣とした場所

金ヶ崎城跡(福井県敦賀市)

岐阜 GIFU

福井 FUKUI

滋賀 SHIGA

京都 KYOTO

大阪 OSAKA

兵庫 HYOGO

和歌山・奈良 WAKAYAMA・NARA

27

8 光秀の大躍進はここから始まった
一乗谷朝倉氏遺跡
いちじょうだに あさくらしいせき

福井県 福井市

復原町並の武家屋敷群。計画的に造られた道路に大きな屋敷が整然と配置されている

当時、日常的に使用されていた井戸や蔵、便所なども再現されている

明智城を追われ越前へ逃亡
朝倉義景に仕え、足利義昭と出会う

福井市街から南東に約10kmの場所にある戦国大名朝倉氏の城下町跡。戦国時代、朝倉氏は5代103年にわたって越前を支配した。武家屋敷、寺院、町屋、道路など、城下町の町並みがそっくり埋もれていたのが、ほぼ完全な姿で発掘された非常に貴重な歴史遺産。国の重要文化財、特別史跡、特別名勝に指定されている。

明智光秀が一乗谷を訪れたのは、弘治2(1556)年のこと。岐阜城城主の斎藤道三とその嫡男・義龍の跡継ぎ問題から、「長良川の戦い」が勃発し、道三が敗死。勢いに乗った義龍は、道三に仕えていた光秀ら明智家の居城である明智城を攻め、落城に成功した。明智家の一家離散という憂き目に遭った光秀は、ひとまず越前へと逃亡する。

光秀が越前で頼ったのは、朝倉家当主である朝倉義景。越前国にやって来た光秀は、その後約10年にわたって義景に仕えている。そんな光秀に転機が訪れたのは、後に室町幕府の将軍となる足利義昭との出会いだ。義昭は兄である室町幕府13代将軍の足利義輝が永禄の政変で暗殺されたことを受け、光秀と同様に一乗谷へと逃れてきた。義景をはじめ各地の武将に自身を将軍に擁立するよう応援を求めた義昭は、光秀とも接触するようになっていく。

光秀は「義景よりも頼りがいのある男がいる」と義昭に織田信長との面会を薦め、義昭は光秀に信長との折衝役を依頼。義昭の命を受けた光秀は、彼にとって運命の人とも言える信長と初めて出会うことになる。結局、信長の後ろ盾を受けた義昭は永禄11(1568)年に15代将軍に就任。光秀も京都支配の担当者に任命され頭角を現していく。一乗谷での光秀と義昭の出会いは、以後の日本史を動かす大きな出来事になったと言っても言い過ぎではないだろう。

1. 義景館跡の入り口に建つ唐門。一乗谷朝倉氏遺跡のシンボルと言える建物である。2. 戦国時代を再現した復原町並。武家屋敷の中の様子もうかがい知ることができる。3. 一乗谷の盛源寺には3m近い大きなものをはじめ、大小700体の石仏が存在している。

食べたい！ご当地名物
朝倉孝景が奨励した越前そば

福井に来たらぜひ味わいたいのが越前そば。風味の良い県内産のそば粉と良質な地下水を使ってできた、のど越しの良いそばに、大根おろしを入れた醤油ベースの出汁をかけて味わう。朝倉孝景がそばの栽培を奨励したのが、そば文化の始まりだと言われている。

DATA
- ☎ 0776・41・2330(朝倉氏遺跡保存協会)
- 福井県福井市城戸ノ内町
- 9:00〜17:00(入場は16:30まで)
- 大人220円、中学生以下と70歳以上は無料
- 年末年始
- P あり
- 電車/JR越美北線「一乗谷」駅より徒歩15分
- 車/北陸自動車道福井ICより10分

4つの庭園や復原町並など見どころがたっぷり

この地を支配した朝倉氏は、元は但馬国(現在の兵庫県養父市)出身の豪族だ。越前朝倉氏の始祖となる朝倉広景が南北朝時代に越前国守護である斯波高経に従い越前に入っている。朝倉氏が名を上げたのは、広景の6代後にあたる孝景(敏景)。応仁元(1467)年に起こった応仁の乱での活躍をきっかけに一乗谷へ本拠を移し、越前国を平定した。以後、織田信長に滅ぼされるまで、5代103年にわたる繁栄の礎を築いている。

ここからは一乗谷朝倉氏遺跡の見どころを紹介することにしよう。

付近一帯が国の特別史跡となっており、見学スポットは数多く、歴史好きにはたまらない場所である。中でもお薦めしたいのは、室町時代末期の様式を伝える4つの庭園だ。戦国時代の気風を漂わせる、荒々しく勇壮な石組みが特徴の湯殿跡庭園、5代義景の妻・小少将のために造ったと言われる日本でも第一級の豪華さを誇る諏訪館跡庭園など、壮麗な庭園美を楽しむことができる。

遺跡の中央を流れる一乗谷川の右岸に広がる4つの庭園群の対岸にあるのが復原町並。発掘された塀の石垣や建物の礎石をそのまま用いているほか、建物の柱や壁、建具に至るまで出土した遺物に基づいて朝倉氏の城下町が忠実に復元されている。「北陸の小京都」と呼ばれた、美しい町並みを歩けば、戦国の世にタイムスリップした気分を味わうことができるだろう。

ほかにも、高さ4m、長さ38mもある土塁や、3mもの大きさのものも含め40体もの石仏が見つかった西山光照寺跡などもぜひ見ておきたい。

遺跡内にある4つの庭園の中で最も規模の大きい諏訪館跡庭園

復原町並には多くの歴史ファンが訪れ、往時をしのんでいる

TOPICS
8月開催の人気イベントで遺跡が幻想的な空間に

毎年8月に一乗谷朝倉氏遺跡を舞台に開催される人気のイベントが「越前朝倉戦国まつり」と「越前朝倉万灯夜」。昼間の戦国まつりでは朝倉・浅井連合軍を再現した時代行列や火縄銃の砲演などが行われる。万灯夜では、1万5000本のろうそくで遺跡一帯をライトアップ。辺りが幻想的な雰囲気に包まれる。

NOW!
貴重な出土品を多数展示 一乗谷朝倉氏遺跡資料館

遺跡への玄関口には福井県立一乗谷朝倉氏遺跡資料館が。戦国時代の人々の暮らしぶりをうかがわせる膨大な数の出土品などを展示し、発掘調査で明らかになった学術成果を公開するため、昭和56(1981)年に建てられた。その展示品の数は約500点。その中には、国指定の重要文化財も多数含まれている。

HISTORY

出来事	時代/年	詳細
朝倉広景が越前に入る	南北朝時代(1336〜1392)年	越前守護・斯波高経に従って但馬国から越前へ
朝倉氏、本拠地を越前へ	応仁元(1467)年	朝倉孝景が一乗谷へ本拠を移し、越前国を平定
明智光秀が越前へ逃亡	弘治2(1556)年	「長良川の戦い」で敗れ、朝倉義景を頼って越前へ
永禄の政変の翌年足利義昭が越前へ逃亡	永禄9(1566)年	永禄の政変での将軍・義輝の死を受け、越前へ
義昭が15代将軍に就任	永禄11(1568)年	光秀の仲介で織田信長に迎えられ京都復帰を果たす
信長の軍勢に火を放たれる	天正元(1573)年	「刀根坂の戦い」に敗れた義景が逃亡。翌日、信長によって焼け野原に
越前一向一揆が起こる	天正3(1575)年	3万3000人が一乗谷に攻め入るも、信長によって平定される
義景の墓塔が建てられる	寛文3(1663)年	福井藩主・松平光通が義景の墓塔を建立する
遺跡の発掘スタート	昭和42(1967)年	田畑や土砂の下に埋もれた一乗谷の発掘調査が開始される
資料館が開館	昭和56(1981)年	遺跡近くに一乗谷朝倉氏遺跡資料館がオープン

安土城をしのぐ日本最大級の城

北ノ庄城址・柴田公園
きたのしょうじょうし・しばたこうえん

柴田勝家が築城した北ノ庄城の天守があったとされている

　天正元(1573)年、支配下の軍勢によって朝倉氏を滅ぼした織田信長は、越前支配のため朝倉氏の旧臣・前波長俊を一乗谷の守護代に命ずるとともに、明智光秀や羽柴秀吉らを北ノ庄にあった朝倉土佐守景行の館に配置。まだ城郭はなく、簡易な砦程度のものであったと考えられている。光秀らはここで戦後処理を行っていたという。

　天正3(1575)年には越前一向一揆を平定した功績により、信長は柴田勝家に越前49万石を与える。勝家は北ノ庄に城の築城を開始。信長が築いた安土城の天守(7層)をしのぐ9層の天守閣を持つ日本最大級の城であったとの記録が残っている。本能寺の変で信長が死去した翌年の天正11(1583)年、光秀を討った秀吉と勝家が「賤ヶ岳の戦い」で激突。敗れた勝家は自害し、その後、北ノ庄城は廃城となった。

　慶長6(1601)年、徳川家康の二男である結城秀康は越前北ノ庄68万石を与えられる。そして、北ノ庄城があった場所に新しい城を築き、福井城と命名した。

DATA
- 福井県福井市中央1-21-17
- 無料
- 無休
- なし
- 電車/JR北陸本線「福井」駅より徒歩10分、車/北陸自動車道福井ICより5分

9 光秀像を祀る神社
明智神社 あけちじんじゃ

福井県 福井市

敷地の中には東大味歴史文化資料館もあり、無料で自由に見学ができる

明智神社の周辺には民家や田んぼなど、のどかな田園風景が広がっている

400数年も地元住民が守り続けた
黒い木彫りの光秀像

越前・朝倉氏の鉄砲指南役となった明智光秀は、数年間を一乗谷への入り口となる東大味で妻子とともに暮らした。その後、足利義昭を15代将軍として擁立すべく奔走し、その過程で織田信長の家臣となっている。

天正3(1575)年、信長は越前一向一揆の掃討を家臣の柴田勝家に命じ、越前の大半は焼き討ちや虐殺の大戦渦となった。かつて暮らした東大味に戦渦が及ぶのを恐れた光秀は、勝家と彼の家臣である勝定に安堵状を出させ、東大味の住民たちの命を救ったという。

逆臣となった光秀だが、彼に大恩を感じた「土井の内(光秀の屋敷跡地)」の3軒の農家は、400年以上もの間、木彫り像の光秀を密かに守り抜く。そして、明治19(1886)年、屋敷跡地に小さな祠を建て、「明智神社」として木彫りの光秀像を祭ることにした。

DATA
- ☎ 0776・20・5346(福井市おもてなし観光推進課)
- 住 福井県福井市東大味町
- 営 見学自由
- ¥ 無料
- P なし
- 交 北陸自動車道福井ICより車で15分

知っておくべき光秀用語
戦国時代最高の美女 細川ガラシャ

光秀の三女。戦国時代最高の美女と言われる。信長の命で細川忠興と結婚。逆臣の娘として、一度は離縁されるも羽柴秀吉のとりなしで復縁。キリスト教の洗礼を受け、ガラシャと名乗った。

1.光秀の屋敷跡地に建てられたという明智神社。本殿などはなく小さな祠が建っているだけ。2.明智神社であることを伝える石碑がぽつんと建っている。3.光秀の三女・細川ガラシャのゆかりの地でもある。

TOPICS
美女として知られる細川ガラシャ出生の地

美濃国から逃れ越前国で暮らした光秀は、3男4女を授かったとされている。肥後細川家初代・細川忠興の正妻であり、美しきカトリック信者としても知られる細川ガラシャ(明智珠)は永禄6(1563)年に、光秀の三女としてこの地で生まれたと言われている。

細川ガラシャイメージ画像

NOW!
「あけっつぁま」と親しまれる光秀

地元の住民たちは光秀を「あけっつぁま」と親しみを込めて呼んでいる。黒塗りされた烏帽子姿の光秀の木彫り座像は高さ13cm程。光秀の命日に当たる6月13日は、地元住民を中心に毎年祭礼が行われている。敷地内には東大味歴史文化資料館もある。

10 称念寺 しょうねんじ

美濃から逃れた光秀が頼った寺院

福井県 坂井市

岐阜 GIFU / 福井 FUKUI / 滋賀 SHIGA / 京都 KYOTO / 大阪 OSAKA / 兵庫 HYOGO / 和歌山・奈良 WAKAYAMA・NARA

俳聖・松尾芭蕉が光秀と妻・熙子のエピソードを詠んだ歌の句碑

美濃国から逃れて来た明智光秀はここの門前で寺子屋を開きなんとか生計を立てていた

浪人中の光秀が
朝倉家士官の道を開いた寺

弘治2(1556)年、斎藤道三とその子・義龍との争いに巻き込まれ、明智城落城とともに美濃国から越前国へ逃亡した明智光秀。明智家再興を目指して、母方の縁を頼り、逃れた先が称念寺だ。浪人中であった光秀一家は貧しく、称念寺の門前に寺子屋を開きなんとか生計を立てていたという。

称念寺は「遊行」と呼ばれる、旅をしながら布教活動をするのが特徴の宗派で、光秀はその僧から各地の情報を得ていたと言われている。やがて、称念寺住職の口添えで、朝倉氏の家臣と酒宴を開く機会を得た光秀だったが、資金の工面に窮していた。それを見かねた妻・煕子(ひろこ)が黒髪を売ってその費用を工面するという内助の功を発揮。酒宴は大成功に終わり、光秀は仕官を果たした。このエピソードは「黒髪伝説」として後世に伝えられている。

DATA
- ☎0776・66・3675
- 福井県坂井市丸岡町長崎19-17
- 🕘9:00~16:00
- 休 無休
- P なし
- 交 電車/JR北陸本線「丸岡」駅から本丸岡行き京福バス「舟寄」バス停で下車し徒歩10分
- 車/北陸自動車道丸岡ICより約5分(一本田交差点経由)
- HP http://shonenji.net

ここに立ち寄る！
新田義貞公墓所

称念寺の境内にある。500回忌となる天保8(1837)年に、第10代福井藩主の松平宗矩が建立した。義貞は鎌倉幕府を滅ぼし、建武の新政で重用された。暦応元(1338)年、「藤島の戦い」で敗れ、死去した。

1.風情を感じさせる称念寺の山門。2.新田義貞を弔うために建立された新田義貞公墓所。3.のどかな田園地帯にある称念寺。うっそうとした緑に囲まれている。

TOPICS
芭蕉も詠んだ煕子の「黒髪伝説」

「月さびよ　明智が妻の咄(はなし)せむ」。この句を詠んだのは、俳聖・松尾芭蕉。『奥の細道』の旅の途中に越前国に立ち寄った際に聞いた光秀と煕子のエピソードにちなんだもの。才能がありながら出世ができない門弟の島崎又玄の妻に贈ったとされている。

NOW! どっちが生誕地？東大味or称念寺門前

P37のコラムにもあるように光秀の三女・細川ガラシャは明智神社のある東大味で生まれたという説もあるが、称念寺門前で光秀が寺子屋をしていたときに生まれたという説もあり、その真相は不明だ。父・光秀と同様、ガラシャの生誕地も謎に包まれている。

11 金ヶ崎城跡 かねがさきじょうせき

義弟の浅井長政がまさかの裏切り

福井県 敦賀市

DATA
- 金崎宮社務所 0770・22・0918
- 福井県敦賀市金ヶ崎町1
- 9:00～16:00 Pあり
- 電車/JR北陸本線「敦賀」駅よりぐるっと敦賀周遊バスで8分「金崎宮」バス停下車。/JR「敦賀」駅よりコミュニティバス海岸線で「金崎宮口」バス停下車。車/北陸自動車道・敦賀ICより10分
- http://kanegasakigu.jp

信長が窮地に立たされた戦国史に残る撤退戦

写真提供：ニッポン城めぐり

1.パワースポットとして人気の氣比神宮。11mの高さがある大鳥居は重要文化財に指定されている。2.秀吉、光秀らが殿(しんがり)を務めた地としても知られる金ヶ崎城跡。3.金ヶ崎城跡の碑。

ここに立ち寄る！
北陸の総鎮守 氣比神宮（けひ）

大宝2(702)年創建の7つの祭神を祭る北陸道の総鎮守。高さ11mある大鳥居は春日大社、厳島神社と並ぶ日本三大木造大鳥居のひとつ。境内には松尾芭蕉の像と句碑もある。市民に「けいさん」と呼ばれている。

TOPICS
朽木越えをして越前から京へ

「金ヶ崎の戦い」から撤退した信長は、家来10人ほどと京へ向かうことに。松永久秀の説得により、近江豪族の朽木元綱の協力を得て越前敦賀から「朽木越え」をし、なんとか逃げ延びることができたという。

NOW!
金ヶ崎城跡の麓に恋のパワースポット

金ヶ崎城跡の麓には、足利氏と新田義貞の戦いで、金ヶ崎城の陥落とともに捕縛された恒良親王と尊良親王を祭った「金崎宮」がある。現在は「難関突破」や「恋の宮」として有名になっている。

敦賀湾を一望する小高い山にある金ヶ崎城は歴史的にも重要な戦いの地となっている。南北朝時代には新田義貞が足利軍と戦った地であり、戦国時代の元亀元(1570)年には織田信長が朝倉義景を倒すため同地に攻め入った。

勢いにのって朝倉の本拠地である一乗谷を目指す信長に、妹・お市の婿・浅井長政の裏切りが報じられる。信長軍は前後を挟まれる形になり、撤退を決めた。その信長の後衛部隊(しんがり)を任されたのが、木下藤吉郎秀吉、池田勝正、明智光秀らだ。彼らは金ヶ崎城に留まり、信長軍本隊が撤退を完了するまでの時間を稼いだという。「金ヶ崎の退き口」あるいは「金ヶ崎崩れ」とも言われる金ヶ崎城の戦いは、信長が窮地に立たされた戦国史上に残る撤退戦であった。

光秀の「3つの謎」に迫る！
候補地は6カ所？
本当の出生地はどこだ！

明智光秀はいったいどこで生まれたのだろうか？ 謎多き人物である光秀の中でも最大のミステリーのひとつだといえよう。光秀は享禄元(1528)年に美濃国で生まれたと言われているが、出生年にも諸説があり、永正13(1516)年に生まれたという話もあり、岐阜県内の出生地の候補場所は実に5カ所にも及んでいる。

その候補地とは、明智城（可児市）、明知城（恵那市）、一日市場八幡神社（瑞浪市）、中洞白山神社（山県市）、多羅城（大垣市）である。多羅城以外は、本書ですでに紹介済みではあるが、ここで改めて各候補地を確認してみることにしよう。

明智城には「光秀が生まれてから落城するまでの30年間を過ごした」という言い伝えが残っている。土岐明智家が出自した城であり、その名からも有力な候補地のひとつだと言えるだろう。

明知城のすぐそばにある落合砦には、光秀が産湯として使った井戸の跡が残されている。古くから明知遠山家が居城している上、産湯用の井戸もあったということを考えると、ここもまた有力な候補地に挙げられるだろう。

一日市場八幡神社は、美濃源氏・土岐家の発祥の地でもある。光秀は土岐家の子孫にあたるため、この地で生まれたという話があっても、何ら不思議ではない。

山県市中洞地区にある中洞白山神社は、文亀2(1502)年に建造された由緒ある神社。明知城と同様に光秀が産湯として使っていたという井戸の跡がある。光秀の墓である「桔梗塚」も残るなど、光秀とのゆかりが深いスポットだと言えよう。

大垣市上石津地区にある多羅城は、関ヶ原の戦い以前にこの地を所有していた関一政によって天正年間、あるいは慶長年間に建てられたと言われる城だ。この地に残る史料では、光秀が多羅城で生誕したという記述も残されている。

これらの美濃国説に対し、最近では近江国多賀（現在の滋賀県多賀町）の佐目館（明智屋形）説も浮上。近江国の歴史を記した『淡海温故録』の中に「明智十兵衛光秀が生まれた」という記述があるほか、光秀にまつわる伝承が多く残ることから、「近江国こそが光秀の出生地」を唱える歴史家もいる。

真の出生地はどこか？ その候補地を巡り正解を推理してみるのも、歴史の楽しみ方のひとつだと言えるだろう。

滋賀県

琵琶湖のほとりに初めての城を築く

足利義昭の京都復帰に尽力した光秀は
織田信長に仕えることに。
比叡山の焼き討ちでの功績が認められ、
信長から近江国滋賀郡が与えられた

比叡山延暦寺（滋賀県大津市）

田中城跡
信長が攻略し、光秀の支配を受けて終焉を迎えたとされる

⑮ 西教寺
明智一族の菩提寺

⑬ 比叡山延暦寺
光秀は信長から比叡山延暦寺の遺領を与えられた

⑯ 明智塚
坂本城内と思われる場所にある光秀の供養塚

⑰ 聖衆来迎寺
移転された坂本城の城門と森可成の墓がある

⑱ 盛安寺

⑫ 坂本城跡
光秀によって築城。石碑がある

坂本城址公園
坂本城の城外とされる場所にある

宇佐山城跡
信長の命により森可成が築いた城。のちに光秀が城主に

坂本城址の碑
坂本城の二ノ丸があったとされる場所にある

38

西教寺（滋賀県大津市）

- 鉄砲の伝来や鉄砲の広がりについて学べる
  国友鉄砲の里資料館
- 光秀の主君・信長の居城
  ⑭ **安土城跡**
- 光秀、生誕の地とされる
  佐目館（明智屋形）

⑫ 坂本城跡	⋯⋯ P40-43
⑬ 比叡山延暦寺	⋯⋯ P44-47
⑭ 安土城跡	⋯⋯ P48
⑮ 西教寺	⋯⋯ P50-51
⑯ 明智塚	⋯⋯ P52-53
⑰ 聖衆来迎寺	⋯⋯ P54
⑱ 盛安寺	⋯⋯ P56-57

岐阜 GIFU
福井 FUKUI
滋賀 SHIGA
京都 KYOTO
大阪 OSAKA
兵庫 HYOGO
和歌山・奈良 WAKAYAMA・NARA

12 坂本城跡 さかもとじょうせき

光秀が初めて建てた城

滋賀県 大津市

写真提供：ニッポン城めぐり

像の隣には、光秀が松を植え替える時に詠んだと言われる歌の歌碑が建っている

坂本城の石垣。
坂本城址公園で見ることができる

岐阜 GIFU
福井 FUKUI
滋賀 SHIGA
京都 KYOTO
大阪 OSAKA
兵庫 HYOGO
和歌山・奈良 WAKAYAMA・NARA

比叡山の焼き討ちでの功績が認められ
信長より近江国滋賀郡が与えられる

今はもうその姿を見ることができないが、南北に長い現在の滋賀県大津市のほぼ中央部、琵琶湖のほとりに確かに豪壮な城が建っていたという。

その城の名は坂本城。

元亀2(1571)年に明智光秀が初めて築城した城だ。現在は、東南寺から旧道へ出る小川に沿う道筋にひっそりと碑が建っているだけ。当時の面影を探しても見つけることはできないだろう。

光秀がこの城を建てるに当たっては織田信長が深く関わっている。越前国で暮らしていた頃に知り合った足利義昭を京都へ復帰させるため、信長との仲介役を買って出た光秀らの働きにより、永禄11(1568)年、信長は義昭に仕える名目で上洛を果たし、義昭は室町幕府15代将軍の座に就いている。功績が認められた光秀はその翌年に京都支配の担当者に任命され、義昭や信長を支える要職に登用された。

元亀元(1570)年、信長は朝倉義景に従属するよう圧力をかけたが、義景はこれに反発。浅井長政を味方に付け、対抗する構えを見せた。そこで信長は徳川家康と連合し、「姉川の戦い」を開戦。見事に勝利する。朝倉・浅井連合軍の残党は比叡山延暦寺に立てこもり最後の抵抗を見せていたが、信長は比叡山を焼き討ちし、老若男女の別なく3000～4000人もの首をはねたと言われている。

この比叡山焼き討ちの中心人物のひとりとして信長を支え、出色の働きを見せたのが光秀だったのである。その際の光秀の功績に対し、信長は褒美として近江国滋賀郡を与えることに。光秀は琵琶湖のほとりに坂本城を築城。この坂本城を足がかりに、さらなる躍進を遂げていくことになるのであった。

1.坂本城址の碑。2.琵琶湖にかかる桟橋。その湖底に石垣があり、本丸はここまでの広さがあったと考えられている。3.坂本城址公園内に建っている明智光秀の像。柔和な表情で琵琶湖を眺めている。

食べたい！ご当地名物

本能寺の変のきっかけは鮒寿司？

1000年以上も前から伝わる保存食の鮒寿司。フナの内臓を取り、ご飯を詰めて数カ月漬け込み、発酵させたもので強烈な臭いが特徴だ。光秀が信長に振る舞った際、腐った魚と勘違いした信長が面前で光秀を罵倒したことが、謀反の引き金になったとの話もあるほど。

DATA

- ☎ 077・578・6565(坂本観光案内所)
- 🏠 滋賀県大津市下阪本3
- Ⓟ あり
- 🚃 電車/京阪石山坂本本線「松ノ馬場」駅より徒歩13分、車/湖西道路下阪本ICより5分

写真提供：ニッポン城めぐり

わずか10年余りで役目を終えた謎に包まれた幻の城

ポルトガル人宣教師のルイス・フロイスが著書『日本史』の中で「安土城に次ぐ豪壮華麗な城」と絶賛した坂本城は、大天守と小天守のふたつの天守を持ち合わせていたという。琵琶湖のほとりに居を構えたのは、城内に琵琶湖の水を引き入れるためだと考えられている。

この地に城を築いたのは、もちろん水利のためだけではない。焼き討ちを行った延暦寺がある比叡山の麓に建てたのは、延暦寺が再び不穏な動きを起こさないよう、にらみをきかせる意味もあった。

豪壮華麗で機能性にも富んだ坂本城だったが、その運命が長く続くことはなかった。

天正10(1582)年、本能寺で謀反を起こし、織田信長らを自害させた光秀だったが、坂本城へ向かう途中で農民に襲われ死去。その後、光秀の重臣である明智秀満が坂本城に籠城したものの、羽柴秀吉方の堀秀政の大軍に囲まれてしまう。自死を決意した秀満は妻子を刺し殺した後、城に火を放ち、自らの命を絶つという壮絶な最期を迎えた。坂本城は跡形もなく焼け落ちたという。築城開始からわずか10年ほどという短い命であった。

その後、丹羽長秀の手によって再建されたが、浅野長政による大津城の築城に伴い廃城となっている。

近江における水城の先駆けとなった坂本城だが、その遺構はほとんど残っていない。琵琶湖の水位が下がった時に、湖面から石垣が見える程度で、「幻の城」とも呼ばれている。その謎に満ちた雰囲気はどことなく光秀の半生にもだぶって見えるようだ。

光秀の心情を歌った「光秀(おとこ)の意地」という歌の碑も

坂本城跡の案内看板。城のスケールの大きさが想像できる

TOPICS
ひっそりと佇む本丸跡を伝える石碑

坂本城址の碑が建っている場所から琵琶湖に向かって100mほど行くとあるのが坂本城の本丸跡。某電子計測器メーカーの研修センター跡地の門前に、本丸跡であることを伝える石碑がひっそりと建っている。発掘調査によって本丸の石垣や石組井戸などが発見されたが、そのほとんどが湖中にあるという。

NOW! 光秀の気分に浸れる坂本城址公園

本丸跡から150mほど南、琵琶湖畔に整備されているのが坂本城址公園。まず目に付くのは、明智光秀の石像(P41)。甲冑姿で湖面を眺めている。「主を間違えた」とする光秀の心情を歌い上げた『光秀(おとこ)の意地』という歌碑も。公園のある場所は城外だったと言われているが、光秀の気分に浸るにはぴったりだ。

HISTORY

出来事	年	詳細
比叡山焼き討ち	元亀2 (1571)年	この際の功績が認められ織田信長は明智光秀に近江国を与える
坂本城の築城を開始	元亀2 (1571)年	琵琶湖のほとりに豪壮華麗な城を建てる
近江国の平定に奔走	元亀3 (1572)年 〜 天正元 (1573)年	坂本城を拠点に湖南をほぼ手中に収める
光秀が亀山城城主に	天正8 (1580)年	丹波国を手中に収める。引き続き坂本城の城主でもあった
本能寺の変	天正10 (1582)年	謀反を起こし信長を討つも、農民に襲われ光秀も死去
坂本城が焼け落ちる	天正10 (1582)年	羽柴秀吉軍に囲まれた明智秀満が城に火を放ち自害する
丹羽長秀によって再建	天正11 (1583)年	秀吉の命によるもの。「賤ヶ岳の戦い」の軍事基地として使用
坂本城が廃城に	天正14 (1586)年	城主の浅野長政が大津城を築城し移転。坂本城は廃城に
発掘調査を開始	昭和54 (1979)年	大規模な宅地開発のため調査。坂本城の概要が明らかになり始める
湖中から石垣が姿を現す	平成6 (1994)年	琵琶湖の渇水により、湖中にある本丸跡の石垣が姿を見せた

光秀が城主を務めるもわずか1年で廃城に

宇佐山城跡
うさやまじょうせき

宇佐山城跡には、野面積みの石垣などが残されている。

　坂本城から南西に約4km離れた場所にある標高336mの宇佐山に建てられた山城。元亀元(1570)年、信長の命を受けた家臣の森可成(森蘭丸の実父)が築城した。琵琶湖を西回りで京都へ出ようとすると、避けては通れない道にあり、朝倉・浅井連合軍の進軍を防ぐために建てられたものだと考えられている。

　同年にはこの城を舞台に「宇佐山城の戦い」が勃発した。京都への攻勢をかけようとする朝倉・浅井連合軍と相見(あいまみ)えることになった可成は命を落とすことになったが、信長の援軍が来るまで城を死守。結局、和議を結ぶことになり戦いは引き分けに終わっている。

　死んだ可成に代わり城主となったのは光秀だった。光秀は宇佐山城を拠点に湖西地区の平定に尽力した。さらに翌年に起こった比叡山の焼き討ちで武勲を立てた光秀は、信長の信頼を勝ち取り、近江国滋賀郡を与えられた。同年より坂本城の築城を開始し、拠点を坂本城に移すこととした。このため、宇佐山城は築城からわずか1年余りで廃城となっている。

DATA
- 滋賀県大津市南滋賀町
- 電車/京阪電車「近江神宮前」駅より徒歩37分、車/湖西道路下阪本ICより8分

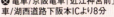

13 比叡山延暦寺 <small>ひえいざんえんりゃくじ</small>

光秀は焼き討ち事件の功労者に

滋賀県 大津市

岐阜 GIFU / 福井 FUKUI / **滋賀 SHIGA** / 京都 KYOTO / 大阪 OSAKA / 兵庫 HYOGO / 和歌山・奈良 WAKAYAMA・NARA

写真提供：（公社）びわこビジターズビューロー

比叡山は山全体が寺域。広大な敷地の中にさまざまな施設が点在している

東塔エリアにある大講堂の脇にある鐘楼。1回50円で鐘をつくことができる

44

部下を失った信長の怒りの矛先が
武装化した比叡山延暦寺に向かう

最澄が開創した天台宗の総本山。標高848mの比叡山全体を境内とする寺院で、法然、親鸞、道元、日蓮といった名だたる高僧も修行をしていることから「日本仏教の母山」とも称されている。

先述の通り名僧を輩出する一方、10世紀頃からは僧同士が派閥に分かれ対立・抗争を繰り返すようになり、武装した僧兵が現れ始める。その後、年を追うごとに武装化の流れは高まりを見せていくが、やがては大きな事件へと発展することになる。織田信長が行った比叡山の焼き討ちだ。

戦国時代末期、京都周辺を制圧し天下統一に向けて勢いを強める信長は、それを阻止しようとする朝倉義景・浅井長政の連合軍と激しく対立。元亀元(1570)年には朝倉・浅井連合軍が逃げ込んだ比叡山を信長軍が囲み、両軍が対峙する「志賀の陣」が勃発した。この戦で信長は弟・信治と腹心の部下である森可成を失うことになる。この出来事に怒り心頭に発した信長は、その矛先を比叡山に向け、弔い合戦として焼き討ちを企てたのだった。

元亀2(1571)年9月、信長は焼き討ちの準備を任せた明智光秀より「準備完了」の報告を受けると、総勢12万とも言われる兵力で比叡山を包囲。全軍に焼き討ちを命令した。山全体を焼き尽くし、老若男女問わず延暦寺にいた3000〜4000人を殺害したと言われている。

焼き討ちで功を上げた光秀は、信長からの厚い信頼を勝ち得ることに成功した。信長より比叡山の遺領を与えられた上、信長の家臣としては初めて、居城の築城を許されることになったのである。やがて琵琶湖畔に坂本城を築き、城主となった光秀は、領地となった比叡山延暦寺を手厚く保護するようになったという。

1. 東塔エリアと西塔エリアの境目にある浄土院。開祖である最澄の御廟所でもある。 2. 東塔にある弁慶水。比叡山で修行中の弁慶が仏に供えるための水をここで汲んでいたと言われている。 3. 比叡山中興の祖とも言われる良源の住居跡と伝えられる元三大師堂。おみくじ発祥の地と言われている。

ここに立ち寄る！

麓の里坊も要チェック

里坊とは僧侶の隠居所。比叡山の麓には現在も多くの里坊が残されている。その中のひとつ旧竹林院は、とりわけ美しい庭園がある里坊として人気のスポット。緑萌える庭園を眺めながらお茶も楽しめる。
問い合わせ：旧竹林院077-578-0955

DATA
☎077-578-0001 🏠滋賀県大津市坂本本町4220
🕐東塔/8:30〜16:30(3〜11月)、9:00〜16:00(12月)、9:00〜16:30(1〜2月)、西塔・横川/9:00〜16:00(3〜11月)、9:30〜15:30(12月)、9:30〜16:00(1〜2月)
💰大人700円、中高生500円、小学生300円(東塔、西塔、横川共通券) 🚫無休 🅿あり
🚃電車/坂本ケーブル「延暦寺」駅より徒歩8分、車/名神高速京都東ICから西大津バイパスに入り、近江神宮ランプより下鴨大津線で「田の谷峠」ゲートへ
🌐https://www.hieizan.or.jp

とても1日では回りきれない
荘厳な雰囲気が漂うエリア

　比叡山延暦寺が、焼き討ちからの復興を果たしたのは、惨劇から十数年後のことになる。信長の死後、彼の遺志を汲んで天下統一を目指した羽柴秀吉より、寺の造営に必要な費用を授けられたという。その後も江戸幕府初代将軍の徳川家康や同3代将軍の徳川家光などの援助を受け、次第に復興を果たしていった。時代が巡り現在では多くの参拝客が訪れる人気の観光スポットとなっている。ここからは、その見どころを紹介しよう。

　山全体が寺院となっている比叡山は東塔、西塔、横川の3つのエリアからなっている。

　東塔は比叡山三塔十六谷の中心エリア。家光が再建した延暦寺の総本堂となる「根本中堂」や、名だたる高僧が修行に励んだ「大講堂」といった重要な塔堂のほか、寺に伝わる文化財を保管する「国宝殿」(拝観料が別途必要)などの建物が集まっている。

　西塔は緑美しい杉の森が広がる静寂に包まれたエリア。秀吉が大津の三井寺から移した山内最古の建物である「釈迦堂」や弁慶が渡り廊下を天秤棒にしてかついだという伝説の残る「にない堂」など、歴史を感じさせる建物も多く建っている。

　横川は天台宗の基礎を築いた円仁(慈覚大師)によって開かれたエリア。源信、親鸞、日蓮、道元などの名僧たちが修行に入った地としても知られている。舞台造りと鮮やかな朱色が印象的な「横川中堂」を中心に聖域といった厳かな雰囲気が漂っている。

　各エリアとも見どころが多く、とても1日ですべてを回り切ることはできないだろう。

横川エリアの本堂となる横川中堂。船が浮かんでいるように見えて特徴的

西塔エリアの中心的な建物となる釈迦堂。延暦寺最古の仏堂だと言われる

TOPICS
長い歴史と伝統が認められ
世界文化遺産に認定

平成6(1994)年、清水寺や金閣寺などとともに「古都京都の文化財」のひとつとして、ユネスコの世界文化遺産に登録された。選定理由は、最澄が一乗止観院(現在の根本中堂)を建立して以来、1200年余りにわたって日本仏教の核心を育んできたから。国宝10点に50点以上の重要文化財を有している。

NOW!
東塔エリアに行くなら
日本一のケーブルカーで

2つのドライブウェイが整備されており、比叡山を登るには車が便利だが、それ以外にもアクセス手段はさまざま。なかでもおすすめしたいのが「長さも、眺めも、日本一」という坂本ケーブルだ。麓のケーブル坂本駅から「延暦寺」駅まで、全長2025m、高低差484mの道のりを11分かけて上っていく。

HISTORY

出来事	年	詳細
最澄によって開創	延暦7(788)年	薬師如来を本尊とする一乗止観院を創建
最澄が遷化	弘仁13(822)年	比叡山の中道院で55年の生涯に幕を閉じる
寺号が延暦寺となる	弘仁14(823)年	開創時の年号をとって延暦寺と名乗ることが許される
建久2年の強訴	建久2(1191)年	延暦寺の大衆が近江国守護・佐々木定綱の処罰を求める
細川政元が攻め入る	明応8(1499)年	室町幕府守護大名の政元により根本中堂、大講堂などが焼かれる
比叡山の焼き討ち	元亀2(1571)年	朝倉・浅井軍をかくまったことが発端となった
根本中堂が再建される	寛永19(1642)年	比叡山焼き討ちで焼失した根本中堂を徳川家光が再建
国宝に指定	昭和28(1953)年	根本中堂が国宝に指定される
比叡山宗教サミット開催	昭和62(1987)年	開創1200年を記念して世界中から宗教指導家が比叡山に集結
世界文化遺産に登録	平成6(1994)年	1200年の歴史と伝統が評価され、古都京都の文化財のひとつとして認定される

延暦寺からひと足延ばして山頂巡りも楽しむ

比叡山山頂
ひえいざんさんちょう

比叡山の山頂からは美しい琵琶湖を眺めることができる

　せっかく延暦寺を訪れたのなら、もう少し足を延ばして比叡山の山頂エリアを巡ってみてはいかがだろうか。
　ロープウェイの山頂駅からすぐにあるのがガーデンミュージアム比叡。フランス印象派の画家たちが描いた作品をモチーフに、フランス人デザイナーが設計した庭園美術館だ。ゆったりくつろげるカフェや草花に囲まれた花の足湯「フロレアル」などは、旅の疲れを癒やすには、ぴったりのスポットだ。
　山頂から徒歩20分ほどにあるつつじヶ丘では雄大な自然と触れ合える。5月にはツツジの花が鮮やかに咲き誇り、辺り一面がピンク色に染まる風景は必見だ。秋は紅葉スポットとしても人気。とくに晩秋の散り紅葉に染まった山道の美しさは、足を運ぶ価値のあるものだ。
　もちろんはるか眼下に望む琵琶湖や京都市街、大津市街のダイナミックな眺望も楽しむことができる。歴史散策だけではもったいない。

DATA
ガーデンミュージアム比叡
☎ 075・707・7733
📍 京都府京都市左京区修学院尺羅ヶ谷四明ヶ嶽4
🕐 10:00～17:30 ※詳しい営業時間・期間はHP参照
💴 大人1200円、小学生600円(4/13～11/19)、大人600円、小学生300円(11/20～12/1)※未就学児無料
📅 無休(4/13～12/1)冬期休園 🅿 あり
🚃 電車/叡山ロープウェイ「比叡山山頂」駅下車すぐ、車/名神高速京都東ICから西大津バイパスに入り、近江神宮ランプより下鴨大津線で「田の谷峠」ゲートへ
🌐 www.garden-museum-hiei.co.jp

14 安土城跡 あづちじょうせき

信長らしく独創的な幻の名城

滋賀県 近江八幡市

信長が建てた絢爛豪華な城 本能寺の変後、すぐに焼失する

DATA
- ☎ 0748・46・6594（安土山受付）
- 🏠 滋賀県近江八幡市安土町下豊浦
- 🕐 季節により変動あり
- 💴 入山料:大人700円、小人200円
- 休 無休
- 🅿 普通車150台、大型車10台
- 🚃 電車/JR琵琶湖線「安土」駅より徒歩25分、車/名神竜王ICより20分

ここに立ち寄る！

駅前に建つ織田信長像

安土城跡から南へ2kmほどの場所にあるJR安土駅の駅前には、安土城を築いた織田信長の銅像が建っている。JR岐阜駅の前にある金の信長像のような派手さはないが、精悍な表情で遠くを眺めている。

TOPICS

石垣に使われた貴重な歴史遺産

大手道にはいくつかの石仏を見つけることができる。また、黒金門跡付近にある釈迦の足跡を表現した仏足石は、中世の数少ない貴重な遺物だ。これらは単なる石材として集められ、石垣として使用された。

NOW！

安土城跡とともに見ておきたい

「安土城天主 信長の館」は、復元した安土城天守の最上部を原寸大で展示。内部の壁画も復元されており、豪華絢爛な当時の安土城を知ることができる。VR安土城ではCGによって蘇った幻の安土城の姿を楽しもう。

写真提供：(公社)びわこビジターズビューロー

1.ここに豪壮な安土城が建っていたことを伝える碑。2.JR安土駅の駅前に建っている織田信長の像。3.安土城の天守跡からは見える近江平野は一見の価値がある。

織田信長が掲げた「天下布武」の象徴ともいうべき安土城は、それまでにはない独創的な意匠が特徴。わが国で初めてとなる地下1階・地上6階、約32mの高層天守や高石垣が築かれた。天正10(1582)年の本能寺の変で、明智光秀の謀反により信長が死去すると、天守と本丸は何者かによって焼かれた。その後、信長の子・信雄が、羽柴秀吉との「小牧長久手の戦い」に敗れると廃城となった。

安土城跡には、幅約6mで180mほど続く石段が真っすぐに延びる大手道があり、前田利家や羽柴秀吉など重臣の邸宅跡を見ることができる。黒金門跡を抜けると、二の丸跡には秀吉が建てたという信長本廟が。本丸跡を眺めつつ階段を登ると、整然と礎石が並んだ天守跡にたどり着く。

コラム2 光秀の「3つの謎」に迫る！本能寺の変はなぜ起きたのか！

　明智光秀はなぜ本能寺の変を起こしたのか？　日本史上最大の事変と言っても過言ではない大きな出来事であるが、光秀が織田信長を討とうと思った動機や、信長の遺体が見つからなかったことなど、いまだに解明されていない謎も多い。

　事件の解明が進まない理由のひとつが、光秀に関連する史料があまりにも少ないためだ。その時代、家臣が主君に背くなどはもってのほかのこと。逆臣である光秀に関する史料の多くは闇に葬られたり、改ざんされたりしているため、事変の真相の解明が進まないのだという。ここでは、その数少ない史料の中から、光秀が本能寺の変を起こすに至った動機を諸説紹介することにしたい。

　動機としてまず考えられるのが「怨恨説」である。光秀の主君である信長は、現代の会社で言うと、部下の言うことを信用せず、すべてのことを自分で決めなければ気の済まない"ワンマン社長"だ。家臣である光秀が信長の言動にさんざん振り回されていたであろうことは想像に難くない。日頃から抱いていた恨み辛みが積み重なっていた光秀が、反旗を翻す機会を得たのが天正10（1582）年6月2日だったというわけである。

　室町幕府の復権を狙った「義昭黒幕説」もある。信長の後ろ盾により室町幕府15代将軍の座に就いた足利義昭であったが、いつしか京を追われ、備後国に身を寄せていた。再び力を取り戻したいと考えていた義昭が、かつての家臣だった光秀の力を借り、信長を倒そうと考えたというものである。

　そもそも光秀自身が天下統一を果たしたいと考え、目の上のたんこぶのような存在である信長の抹殺を試みた「光秀野望説」。当時の正親町（おおぎまち）天皇に譲位を迫るなど朝廷に対して圧力をかける信長を快く思っていなかった公家たちが筋書きを描いた「朝廷黒幕説」。本能寺の変で最も得をしたのが羽柴秀吉であったことから、秀吉が光秀に謀反を起こすよう仕向けたとされる「秀吉黒幕説」といった説もまことしやかに論じられている。

　このほか、徳川家康やイエズス会、本願寺を黒幕とする説も唱えられているほか、無防備な状態で本能寺にいた信長を光秀が突発的に狙った説など、数えきれないほどの説がある。真相はわからないが、日本史上最大のミステリーであることだけは、間違いがないようだ。

岐阜 GIFU

福井 FUKUI

滋賀 SHIGA

京都 KYOTO

大阪 OSAKA

兵庫 HYOGO

和歌山・奈良 WAKAYAMA・NARA

15 光秀の命日に追善供養が行われる
天台真盛宗総本山 西教寺 さいきょうじ

滋賀県 大津市

写真提供：(公社)びわこビジターズビューロー

本堂の近くにある阿弥陀如来二十五菩薩像。
菩薩はさまざまな楽器を持ち音楽を演奏している

境内には光秀の供養塔があるほか、明智一族の墓も
建っている

坂本城主となった光秀が、焼き討ちからの復興に尽力した名刹

450以上の末寺を持つ天台真盛宗の総本山。寺の伝によると、開基は聖徳太子にさかのぼると言われている。長らく荒廃していた時代もあったようだが、室町末期に同じ天台宗の比叡山延暦寺で20年もの修行を積んだ真盛が入寺して、再興をなしたという。以後、西教寺は戒律・念仏の道場となり、1日も念仏は途絶えたことがないそうだ。

光秀との関わりは、元亀2(1571)年に織田信長による比叡山焼き討ちの際に、西教寺も焼失したところから。焼き討ちでの功績をたたえられ、信長より近江国滋賀郡を与えられた光秀は坂本城を築き、地理的にも近い西教寺の復興を支援した。光秀は家臣の供養のため、西教寺に供養米を寄進。その際の「寄進状」は今も寺に残っている。境内には光秀の供養塔のほか、光秀の妻である熙子をはじめとした一族の墓もある。

DATA
- ☎ 077・578・0013
- 🏠 滋賀県大津市坂本5-13-1
- 🕘 9:00〜16:30
- 🚃 電車/京阪電鉄石山坂本線「坂本」駅より徒歩25分 車/湖西道路坂本北ICより6分
- 🌐 http://www.saikyoji.org/

知っておくべき光秀用語
側室のいない光秀 一方の信長は…
側室とは、めかけのこと。戦国武将には何人もの側室がいるのが当たり前だった。妻・熙子を一途に愛した光秀は珍しい存在。ちなみに信長には11人もの側室がいた。

1. 西教寺の山門。威厳を感じさせる佇まい。 2. 緑に覆われ勅使門へ向かって真っすぐに延びる風情ある参道。 3. 手入れの行き届いた美しい庭も見どころのひとつ。

TOPICS
西教寺を守った 手の白い護猿(ござる)

室町時代の明応2(1493)年、西教寺の法難時に、手の白い猿が上人の身代わりに念仏を唱えて寺院を守ったという逸話が残っている。それ以来、「縁がござる」「福がござる」「客がござる」など縁起、招福、商売繁盛などに、ござる(5匹の猿)がお守りとされている

NOW! 光秀と熙子の2人は いつまでも仲睦まじく

光秀は愛妻家という一面も持っていた。当時の戦国武将は側室を置くのが普通だったが、本能寺の変の6年前に妻・熙子が病死するまで、光秀は一人の側室も置かずにいたそうだ。西教寺の本坊には、そんな光秀と熙子の座像が祭られている。2人はいつまでも仲睦まじく並んでいる。

16 明智塚 あけちづか

光秀が築いた坂本城跡に残る

滋賀県 大津市

写真提供：城めぐりチャンネル

明智塚は住宅街の一角にひっそりと佇んでいる

この土地の地主によって建てられた明智塚のいわれなどを伝える案内板

住宅街の中に残る
坂本城主・光秀の塚

明智光秀が元亀2(1571)年に初めて築いたのが、琵琶湖畔にあった坂本城。当時では安土城に次いで絢爛豪華な城であったと言われている。この近辺に坂本城の本丸があったことを伝える本丸跡から、北東へ100mほど離れた場所にあるのが明智塚だ。

この塚の由来については、さまざまな伝承が残っている。例えば、光秀が坂本城を築城した際に美濃国守護の土岐氏から伝領した宝刀を城の主柱の下に埋めた跡地であるとか、坂本城落城の際に光秀秘蔵の脇差・名刀「郷義弘(ごうのよしひろ)」や宝器物を埋めた跡であるなどの伝である。ほかにも、娘婿である明智秀満の首が埋まっている場所や、明智一族の墓所など、諸説がある。

坂本城が落城した6月15日には、毎年法要が執り行われているという。

DATA
☎ 077-578-6565（坂本観光案内所）
住 滋賀県大津市下阪本三丁目
営 9:00～16:30
P 10台（坂本城跡公園P利用）
交 車／湖西道路下坂本ICより5分
HP https://www.biwako-visitors.jp/

知っておくべき光秀用語
幻の名刀工・郷義弘
鎌倉時代の名刀工・正宗の優れた弟子である「正宗十哲」のひとりに数えられる刀工。大名はこぞって彼の刀を欲しがったが、「郷とお化けは見たことがない」というほど数が少なく、入手困難な刀であった。

1. 坂本城の城内と推定される場所に光秀を供養するためだと伝わる明智塚がある。 2. 琵琶湖のほとりにあった坂本城は豪壮で大きな城だったと言われている。 3. 坂本城の石垣の跡。

TOPICS
明智塚の位置から城郭の大きさをうかがう

現在、明智塚のある場所は、閑静な住宅街だ。坂本城があった当時は、明智塚のあるこの場所も、城内であったという。琵琶湖を背に建つ本丸の三方を囲むように二の丸、三の丸が整備されていることからも、坂本城が大きくて壮麗な城であったことがうかがい知れる。

NOW!
触るとたたられる!?明智家悲運の場所

本能寺の変の後、光秀が死去すると、羽柴秀吉の大軍は坂本城を取り囲んだ。坂本城で応戦した秀満は負けを悟り、城に火を付け自害したという。そんな悲運の場所だけに「触るとたたりがある」との言い伝えがあり、地元住民に丁寧に守られてきた。そのため、発掘調査も行われていない。

17 聖衆来迎寺 しょうじゅらいこうじ

坂本城の櫓門が残る名刹

滋賀県 大津市

DATA
- ☎ 077・578・0222
- 🏠 滋賀県大津市比叡辻2-4-17
- 🕘 9:00〜16:00
- 💴 350円（事前申込）
- Ｐ 20台
- 🚃 電車/JR琵琶湖線「大津」駅よりバスで20分「来迎寺鐘化前」バス停下車、JR湖西線「比叡山坂本」駅より徒歩15分、京阪電鉄石山坂本線「京阪坂本」駅より徒歩20分、車/湖西道路下阪本ICより5分

光秀の遺志に従い坂本城の櫓門を移築

知っておくべき光秀用語

攻めの三左・森可成

森蘭丸の父親で、織田信長の家臣ひとりであった森可成。10歳も下の信長に従い、戦場で武功をあげるなど、信長も一目を置いていた。十文字槍を自在に操り「攻めの三左」と呼ばれた。

写真提供：(公社)びわこビジターズビューロー

1.本堂。寺蔵の文書には、寛文5(1665)年に建立されたとある。2.本堂は、寄せ棟造り。屋根は桟瓦葺き。3.織田信長の家臣・森可成の墓。この墓のおかげで焼き討ちの難を逃れられた。

TOPICS

多くの国宝が眠る「近江の正倉院」

国宝の絹本著色六道絵（鎌倉時代）をはじめとした多くの国宝や重要文化財を所蔵し、「近江の正倉院」と呼ばれる。毎年8月16日に寺宝を公開している。

NOW!

全国でも珍しい立華様式の庭園

客殿の東側にあるのは、光秀が作庭させたと言われている庭園。集団石組を配し、生け花の立華の構成を応用した独創的な造りとなっている。

延暦9(790)年、天台宗の開祖である最澄が創建したとされる古刹。平安時代初期に源信が聖衆来迎寺と改名したという。比叡山延暦寺の念仏道場として栄えた。

織田信長による比叡山焼き討ちの際、周辺の寺院や坂本の町が焼かれたにもかかわらず、この聖衆来迎寺だけは焼き討ちを免れたという。信長の家臣であった森可成の墓があり、同寺の住職が可成を手厚く葬ったために難を逃れることができたのではないかと言われている。

聖衆来迎寺には、坂本城から移築された櫓（やぐら）門が表門として残されている。これは坂本城主であった明智光秀の遺言によるものだという。焼き討ちをしなかった信長同様、光秀もこの寺を庇護したようだ。

コラム3 光秀の3つの謎に迫る！光秀の最期はいつなのか？

謎多き人物である明智光秀。不明なのは出生だけではない。その最期も定かではないのだ。

一般的には、本能寺の変からわずか11日後の天正10(1582)年6月13日に勃発した、羽柴秀吉との「山崎の戦い」で敗れ、自害したという説が有力だ。光秀が「三日天下」と呼ばれる所以(ゆえん)でもある。

本能寺の変で織田信長が光秀に討たれたことを聞いた秀吉は、遠征先の中国地方から2万人の軍勢とともに京都までの230kmの距離をわずか10日で戻ってくる"中国大返し"を敢行。天王山で光秀と天下をかけて相見(あいまみ)えることとなった。この戦が「山崎の戦い」だ。秀吉軍はわずか1日で光秀軍を撃破。光秀は坂本城へと逃げ帰る途中、山城国(現在の京都府)の小栗栖で農民の急襲に遭い、瀕死の重傷を負うことになった。死を悟った光秀は、自ら命を絶ったという。

自害したはずの光秀であるが、実は生き延びていたという説がいくつもあるのだ。例えば、南光坊天海になった説もある。天海は、江戸時代初期に徳川家康らの幕僚として活躍したと言われる天台宗の僧。家康が天海と初めて対面した際、人払いをして長く話し込んだことや天海が造営した日光東照宮に光秀の家紋である桔梗紋が使われていることなどから、「天海＝光秀説」がまことしやかに語られたという。

岐阜県山県市中洞の「桔梗塚」では、山崎の戦いから逃げ延びた光秀が山県へやって来て「荒深小五郎」と改名し、暮らしていたとの説もある。「山崎の戦い」で死んだのは、光秀の影武者の荒木山城守行信であったというのだ。小五郎こと光秀は慶長5(1600)年に起きた関ヶ原の戦いで、家康に味方をしようとして出陣する途中の川で溺れ死んだという。「桔梗塚」はその亡骸(なきがら)を持ち帰って埋葬されたものだとされている。

また、和泉国(現在の大阪府)の本徳寺に隠棲をしていたという説や、「山崎の戦い」の後に京都の妙心寺を参拝したという説など、自害したはずの光秀が実は生き延びていたという説があちこちに残されているのである。

今となっては真相を知る由もないが、出生も最期もこれほどまでに諸説がとび交う武将も珍しい。その謎めいたところも、光秀の魅力のひとつなのであろう。

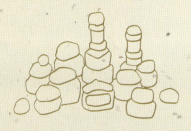

18 盛安寺 せいあんじ

光秀が贈ったと言われる陣太鼓が残る

滋賀県
大津市

朝倉家の家臣である杉若盛安が再興し、
自分の名を付けたといわれている

境内には五輪塔などが建っている

焼き討ちで焼失した後、
光秀の尽力によって再建される

天台真盛宗の寺院で創建時期は不明。文明年間(1469～1487年)、越前国・朝倉氏の家臣である杉若盛安が、西教寺の僧・真盛に帰依し、廃寺となっていた寺を再興。自分の名を付けたと伝えられている。

元亀2(1571)年の比叡山焼き討ちの際に焼失。その後、明智光秀が再興するものの、再び兵火で焼けてしまうなど、慶安5(1652)年に再建されるまで、何度も焼失するという悲劇を繰り返してきた。

境内にある太鼓櫓にかかっている太鼓は「明智の陣太鼓」と呼ばれている。同寺が夜明けを知らせる「暁の鼓」を鳴らしたおかげで、敵の急襲を知ることができたというエピソードがあり、その感謝の印として、光秀が寺に贈ったものだという。寺内には供養塔も建てられており、光秀との結びつきが深くある。

DATA
- 077・578・2002
- 滋賀県大津市坂本1-17-1
- 300円(10名以上270円)
- 無休(ただし十一面観音立像の拝観は5、6、10月の毎土曜日とGW、正月3カ日のみ)
- 7台
- 電車/京阪電鉄石山坂本線「穴太」駅より徒歩5分、車/湖西道路下阪本ICから10分

ここに立ち寄る!
全国3800社の総本宮・日吉大社
日吉・日枝・山王神社の総本宮。広大な境内には国宝や重要文化財級の建造物が数多く建ち並んでいる。県内屈指の紅葉の名所。盛安寺から北へ2kmほどの場所にある。

1.石畳の階段を上った先にある山門の脇には大きな寺号石柱がある。2.江戸時代に造られたという庭園。聖衆来迎図を表しているという。3.およそ2100年前に創建された日吉大社。境内には約40の社がある。

TOPICS
安土城築城でも活躍した石工集団・穴太衆の石積み

盛安寺は、穴太積みと呼ばれる城のような石垣で囲まれている。光秀の城下町・坂本は比叡山の門前町。重要伝統的建造物群保存地区に指定されており、穴太積みの石垣と里坊の街並みは歴史を感じることができる。築城で培った石積み技術は今も滋賀院門跡や生源寺、律院などで見ることができる。

NOW!
観音堂に安置される十一面観音立像は必見

重要文化財である十一面観音立像は「大津の湖上に何十年も漂っていた霊木からつくられた」という言い伝えがあり、観音堂に安置されている。天智天皇が建立した崇福寺の旧仏であるそうで、崇福寺が廃寺となった際、十一面観音立像がこの盛安寺に移された。拝観には事前予約が必要。

⑲	本能寺	……P60-63
⑳	丹波亀山城跡	……P64-67
㉑	福知山城	……P68-71
㉒	愛宕神社	……P72-73
㉓	谷性寺	……P74-75
㉔	小畠川	……P76
㉕	明智光秀胴塚	……P77
㉖	明智光秀の首塚	……P78
㉗	明智薮	……P79
㉘	境野1号墳・恵解山古墳	……P80
㉙	盛林寺	……P81
㉚	御霊神社	……P82-83
㉛	山崎合戦古戦場碑	……P84-85
㉜	慈眼寺	……P86-87

壮絶な最期を迎える光秀激動の地
京都府

丹波攻略を命ぜられるなど
信長からの信頼も厚かったが、
本能寺の変を起こして主君の信長を殺害。
「山崎の戦い」に敗れその人生の幕を閉じた

- ㉝ 明覚寺 ⋯⋯ P88
- ㉞ 法鷲寺 ⋯⋯ P89
- ㉟ 正眼寺 ⋯⋯ P89
- ㊱ 照仙寺 ⋯⋯ P90
- ㊲ 観瀧寺 ⋯⋯ P90
- ㊳ 瑞林寺 ⋯⋯ P91
- ㊴ 天寧寺 ⋯⋯ P92
- ㊵ 薬師寺 ⋯⋯ P93
- ㊶ 明智門 ⋯⋯ P94
- ㊷ 妙心寺 ⋯⋯ P95

㉜ 慈眼寺｜表面が黒く覆われた光秀の像がある
㊵ 薬師寺｜周山城築城の時、薬師寺を壊そうとした時の絵巻物などが残る
㉒ 愛宕神社｜光秀が本能寺の変の前におみくじを引いたとされる
㊷ 妙心寺｜光秀の菩提を弔うために建てたとされる蒸し風呂がある
⑲ 本能寺｜本能寺の変の後に秀吉が移転、再建した
㉖ 明智光秀の首塚｜光秀の遺骸がさらされた場所とされる
㊶ 南禅寺金地院「明智門」｜光秀が寄進した銀子で建てたとされる門
㉔ 小畠川(別名:明智川)｜本能寺の変後、光秀が造ったとされる川
㉕ 明智光秀胴塚｜光秀の胴体を埋めたとされる場所
㉗ 明智藪｜「山崎の戦い」後、光秀が絶命したとされる場所
㉛ 山崎合戦古戦場碑｜秀吉に敗れた「山崎の戦い」が行われた場所
㉘ 境野1号墳・恵解山古墳｜近年の調査では、「山崎の戦い」の本陣はこちらが有力に

岐阜 GIFU
福井 FUKUI
滋賀 SHIGA
京都 KYOTO
大阪 OSAKA
兵庫 HYOGO
和歌山・奈良 WAKAYAMA・NARA

19 本能寺 ほんのうじ

いまだに謎が残る謀反劇の舞台

京都府 京都市

本能寺の表門。アーケードのかかる商店街、寺町通りに面している

本能寺の歴史や宗派などを伝える案内看板も建っている

1万3000の光秀軍に囲まれた信長は寺に火を放ち自ら命を絶った

1. 創立当時の面影を残す、昭和3（1928）年に再建された本能寺の本堂。室町時代の粋を集めた木造大建築だ。設計は建築史家として知られる工学博士の天沼俊一氏。2. 法華宗本門流の大本山であることを示す石碑が建っている。3. 本能寺の境内にあるイチョウの大木。

なぜ明智光秀は織田信長を裏切ったのか…。
なぜ信長の遺体は発見されなかったのか…。

光秀が起こした「本能寺の変」は、日本史上で最大のクーデター劇であり、最大のミステリーでもあると言えよう。

本能寺の変が勃発したのは天正10（1582）年6月2日のこと。その3カ月前に甲州征伐を行い、武田勝頼を滅ぼしたばかり。信長の悲願である天下統一まであとわずかという時期だった。

周りを高い塀と深い堀で囲うなど防御面に優れた本能寺を気に入っていた信長は、上洛中の宿舎としてしばしば使用。この日も100人あまりの兵とともに、滞在していた。

その日の早朝、光秀は羽柴秀吉が行っている毛利征伐の支援をするようにとの命を信長から受け、中国地方へ向けて出陣をしたが、信長を討伐するため途中で京都へ引き返したという。信長が泊まる本能寺を取り囲んだのは総勢1万3000人にも上る光秀軍。わずか100人ほどの兵しかいない信長との勝負はすでに決していたようだ。

信頼していた重臣の急襲に対して、弓や槍などの武器を手に奮戦する信長であったが、さすがに多勢に無勢では勝ち目がなかった。最期は信長自ら寺に火を放ち、燃えさかる炎の中で自害したという。ただし、その姿を見た者はなく、遺体も見つかっていないため、信長の最期はいまだ謎に包まれたままである。

光秀はその後、「山崎の戦い」で秀吉軍と対決。敗走途中で農民に刺され瀕死の重傷を負い、自ら命を絶ったと言われている。本能寺の変からわずか11日後の出来事であった。光秀はなぜ謀反を起こしたか、その真意は誰にも分からぬまま、歴史の闇に葬られることとなったのである。

ここに立ち寄る！
うまいものが集まる京の台所・錦市場

本能寺跡から東へ1kmほどの場所にある京都観光の定番スポット。約400m続くアーケードには130の店舗がズラッと軒を並べ、活気に満ちている。京野菜や京漬物など、京都ならではの食材を手に入れよう。問い合わせ：京都錦市場商店街振興組合 075-211-3882

DATA
☎ 075-231-5335
📍 京都府京都市中京区寺町通御池下ル下本能寺前町522
🕐 6:00～17:00
💴 無料（大寶殿宝物館は有料）
🚫 無休
🅿 あり
🚃 電車/地下鉄東西線「市役所前」駅下車すぐ、車/名神高速京都東ICより20分
🌐 http://www.kyoto-honnouji.jp

死後を祭る廟や肖像画など信長との結びつきが強い寺

本能寺は応永22(1415)年、法華宗本門流の祖である日隆によって創建された、法華宗の大本山である。創建から永享4(1432)年までは「本応寺」と表記していたが、永享5(1433)年に「本能寺」に変更。以来、現在に至るまで「本能寺」を使用している。

本能寺の変が起きた時は、実は別の場所にあり、現在の位置に移転したのは文禄元(1592)年のこと。豊臣秀吉の都市計画によるものであった。江戸時代の後期には天明の大火があって焼失しており、現在の本堂は昭和3(1928)年に再建されたものになる。

この寺は、織田信長との関わりが深いことでも知られている。戦国時代に本能寺の住職を務めた日承は、信長にさまざまなことを教えるなど、彼に影響を与えた人物のひとり。記録を数えると少なくとも4回は宿泊するなど、信長は上洛する際の定宿として本能寺を使用していたようだ。

境内には、信長の死後に三男である信孝の命によって建てられた信長を祭る「信長公廟」があるほか、口ひげを生やしていない珍しいタイプの信長の肖像画や、「天下布武」の馬蹄形朱印が押印された、信長が書いたとされる書が保管されている。こうしたものが寺宝として残されているところに、信長との結びつきの深さを感じることができるのではないだろうか。

このほか、国宝であり寺宝でもある『伝藤原行成筆書巻』は、平安時代後期に作られた冊子。本能寺切(ほんのうじぎれ)と称して珍重されている。

信長の三男・信孝の命によって建てられた信長公廟

本能寺の御朱印

TOPICS
境内にある個性的な7つの子院

境内には本堂や信長の墓のほか、本能寺に給仕する7つの子院が建っている。牡丹に縁のある宿坊として牡丹坊という別称のある恵昇院や、日蓮と日承の名にある文字をひとつずつ付けた蓮承院、玄関先に縁側がある造りをした本行院など、どの子院も特徴のある個性的なものとなっている。立ち寄ってみてはいかがだろうか。

NOW! 本能寺所有の貴重な品々を展示

表門から入ってすぐの場所にある大寶殿宝物館は本能寺が所有する数々の骨董品を展示している施設。織田信長所有の天目茶碗や書状、御本尊御曼荼羅などの宗教的遺物のほか、檀家から寄贈された大明万暦年製景徳鎮窯大瓶、狩野直信による屏風絵「六曲一双唐人物図扇面貼交屏風」などが見られる。入場料は大人500円。

HISTORY

日隆によって開創	応永22 (1415)年	油小路高辻と五条坊門の間に寺門を開き本応寺と号する
第2の建立	永享元 (1429)年	小袖屋宗句の援助により、現在の西陣あたりに再建
寺号を本能寺に	永享5 (1433)年	如意王丸を願主に、六角大宮に本能寺を建立
天文法華の乱	天文5 (1536)年	延暦寺宗徒が法華宗徒を攻撃。本能寺も焼き討ちに遭う
本能寺の変	天正10 (1582)年	本能寺の変にて建物は焼失。織田信長が自害
秀吉の意向で現在地に	文禄元 (1592)年	秀吉の都市計画により、現在地に移転再建
大火事で焼失	天明8 (1788)年	京都市内で大きな火災が発生。本能寺も焼失
日恩が再建	天保11 (1840)年	第77代貫主となる日恩によって再建される
蛤御門の変	元治元 (1864)年	京都で起きた武力衝突事件で焼失
現在の本堂が再建	昭和3 (1928)年	蛤御門の変で焼失した本堂が再建される

信長が最期を迎えた場所はいまは静かな住宅街

本能寺跡
ほんのうじあと

本能寺跡の碑。本能寺の変が起きたのはこの場所

　現在の本能寺のある場所は豊臣秀吉の命により移転した場所で、実際に明智光秀が謀反を起こした時の本能寺は、現在の本能寺より南西へ1kmほどの位置にある。

　光秀の急襲に遭い、織田信長が非業の死を遂げることとなった場所は、現在は住宅が密集する地域。かつては小学校があったそうだが、いまは地域の福祉施設となっている。

　そこが日本史を大きく塗り替えることになった大事件が起きた場所であるという面影は、「まったくない」と言っても言い過ぎではないだろう。本能寺跡であることを説明する石碑がポツンと佇んでいるだけだ。

　戦国武将としての知名度は抜群で、日本史に登場する中で最も高い人気を誇る武将の一人である信長は、いわば戦国時代のスーパースター。その彼が最期を迎えた史跡としては、あまりに寂しい気もするが、時代が変わってしまったと言えばそれまでだろうか。とはいえ、ここで大きく時代が動いたのも事実である。人の世のはかなさや無常を感じずにはいられない。

DATA
- 京都府京都市中京区油小路通蛸薬師元本能寺町
- Ｐ なし
- 阪急京都線「大宮」駅・京福嵐山本線「四条大宮」駅より徒歩10分

20 丹波亀山城跡 かめやまじょうあと

丹波平定の拠点として光秀が築城

京都府 亀岡市

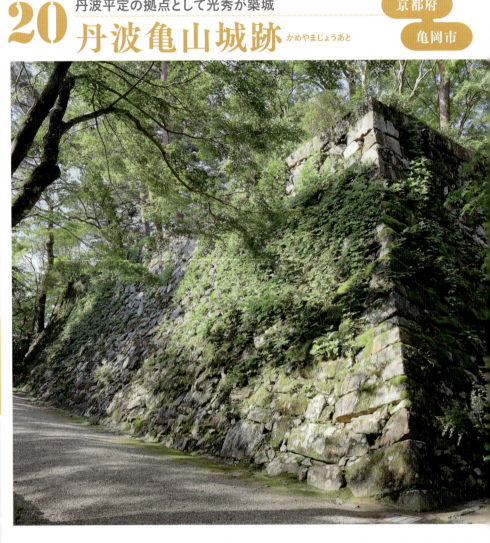

現在は宗教法人大本が管理。
見学ができるのは天守台の麓までとなっている

井戸があった跡だと言われている石組み。
当時をしのばせる遺構のひとつ

善政を行った名君として
領民からの絶大な人気を誇る

織田信長より「丹波国を攻略せよ」との命を受けた明智光秀は、その拠点とするため天正5(1577)年、亀山(現・亀岡)の保津川と沼田を北に望む荒塚山に亀山城の築城を開始した。亀山は古くから丹波の政治・経済・文化の中心地であり、山陰道の要衝でもあったことから、光秀はこの地に城を建てることにしたと考えられる。創建当初は3層の天守があったそうだ。

信長の信頼の厚かった光秀は、丹波攻略をはかりつつ、毛利攻めや雑賀攻めなど、各地の戦いにも加わり、功績を残した。そして天正7(1579)年に八上城と黒井城を立て続けに落とし、ついに丹波国を平定することに成功した。この活躍ぶりを信長は誉め称え、その翌年、光秀に丹波国を与えている。

丹波国を平定した光秀は、城造りと同時に城下町の形成にも着手。近隣の9つの村にいた住民を呼び寄せ、亀山城の周辺に移住させている。戦闘のことを第一に考え、敵から攻撃を受けにくい山城を好んで建てるのが一般的な時代に、亀山城は平野の中にある小高い丘の上に建つ平山城。光秀は亀山城を単なる戦闘用の砦ではなく、領民を統治するための場所だと考えていたようだ。丹波を攻略するためには領民の力が必要と考えたからだろう。その土地に古くから暮らし、その土地のことをよく知る国人衆を家臣として取りたて、要職に積極的に登用したことからもうかがえる。

光秀には主君である信長を裏切った人間という悪いイメージが付きまとうが、亀山での評価はまったく逆。情に厚く、家臣を裏切るなどはもってのほかで、善政を行った名君として今日まで語り継がれている。そんな光秀が、本能寺の変で主君である信長を倒すとは、おそらく誰にも予想がつかなかったことだろう。

1. 亀山城跡に残る石垣。天下普請の名残を感じさせる刻印が刻まれている。
2. 江戸中期までは光秀が手植えをしたと伝えられるイチョウがあった。
3. いまは水が流れていないが当時は内堀があったと思われる。

ここに立ち寄る！
保津川下りで峡谷美を楽しむ

亀山城跡から北東へ徒歩7分の乗船場をスタートして、ゴールとなる京都の名勝・嵐山までの約2時間の川下り。美しい自然が織りなす峡谷美と、岩と岩の間をぬうように急流を下るスリルが満喫できる。
問い合わせ：保津川遊船企業組合0771-22-5846

DATA
☎ 0771-22-5561
住 京都府亀岡市荒塚町内丸1
¥ 無料
休 無休
P なし(周辺には有料Pあり)
交 電車/JR山陰本線「亀岡」駅よりバスで10分、車/京都縦貫自動車道亀岡ICより10分
HP http://www.kameoka.info/mitsuhide/kameyama-castle.php (亀岡市観光協会HP)

秀吉や家康も重要視
江戸時代には大天守も完成

天正10(1582)年6月1日、明智光秀が1万3000もの大軍を連れて亀山城を出陣し、本能寺の変を起こした。その11日後には光秀が無念の死を遂げ、亀山城は主を失うことになる。その亀山城を重要視したのが、信長に取って代わって天下統一を果たした豊臣秀吉だ。天正11(1583)年に信長の四男である羽柴秀勝を入城させたのを皮切りに、一門の小早川秀秋や豊臣政権で五奉行のひとりであった前田玄以などを入城させている。天正17(1589)年には小早川秀秋の手によって修築が始められ、3層であった天守が5層となり、本丸や二の丸などが整備されたという。

秀吉の死後、江戸幕府を築いた徳川家康も、亀山城を重要視。慶長14(1609)年に譜代大名である岡部長盛を丹波亀山藩主に任命。その翌年には、藤堂高虎の縄張りの下、福島正則や池田輝政など西国大名による天下普請の大改修が執り行われた。これにより5重の層塔型の大天守が出来上がっている。

層塔型天守とは、上層部と下層部の形が違っている望楼型天守に対し、上から下までほぼ一体の形をした天守のこと。元和年間(1615〜1624年)、寛永年間(1624〜1645年)に主流となったもので、亀山城はその走りとも言われている。

光秀、秀吉、家康と日本史に残る名だたる戦国武将に重要視されてきた亀山城だが、明治維新後に立ち上がった新政府は城郭が反政府活動の拠点になることを恐れ、明治10(1877)年に廃城を決定。建物は取り壊された。

亀山城の外堀。南郷池

城内には明智光秀の像が建っている

TOPICS
名君の功績をしのぶ
亀岡光秀まつりを開催

初代亀山城主として丹波国を治めた明智光秀は、今日の亀岡の礎を築いた名君。その遺徳をしのび、毎年5月3日に「亀岡光秀まつり」が開催されている。亀岡市内最大規模のまつりで、勇壮な武者行列を再現した「明智光秀公武者行列」が町を練り歩く。この地での光秀の人気ぶりをうかがい知ることができる。

NOW!
荒廃した城跡を整備
内堀や石垣は見学可能に

明治維新で廃城となった後、亀山城の所有者は転々とすることに。紆余曲折があった末、現在の所有権は宗教法人・大本にある。大本は、石垣を修復するなど、手つかずとなり、荒れ果てていた城跡を整備した。総合受付で申し込むと内堀跡や本丸付近の石垣を見学できるので、立ち寄ってみるとよいだろう。

HISTORY

明智光秀が築城	天正5 (1577)年	織田信長より丹波攻略の命を受け、その拠点として築城
本能寺の変	天正10 (1582)年	亀山城を出発した光秀軍が本能寺を急襲。信長は自害した
羽柴秀勝が入城	天正11 (1583)年	豊臣秀吉の意向で一門の人間を次々城主に登用する
天守が5層に	文禄2 (1593)年	小早川秀秋が3層の天守を5層に改築
家康も重要視	慶長14 (1609)年	秀吉に続き家康も重要視。譜代大名を亀山藩主とする
天下普請による大修築	慶長15 (1610)年	藤堂高虎の縄張りの下、5重の層塔型天守が出来上がる
亀岡藩に改称	明治2 (1869)年	亀山藩から亀岡藩に名称を変更
廃藩置県	明治4 (1871)年	廃藩置県により亀岡藩が廃止となり亀岡県が誕生
廃城が決定	明治10 (1877)年	新政府が廃城処分を決定。亀岡城も対象に
宗教法人・大本が所有権を購入	大正8 (1919)年	荒廃していた城を購入。紆余曲折を経て、現在は所有者に

本能寺へと出陣した山道でハイキングを楽しむ

明智越
あけちごえ

光秀が本能寺へ向かった道がハイキングコースに

本能寺へ向かう光秀の一行が、亀山城から愛宕神社に参拝した際に通ったとされる道のことを明智越という。現在はJR亀岡駅をスタートして、同保津峡駅をゴールとする明智越ハイキングコースとして整備されており、休日ともなると歴史好きの健脚家が、数多く足を運ぶ人気スポットだ。

コースの途中には、光秀が生きていた時代の様子をしのばせる見どころがいくつかある。「峯の堂」は56代清和天皇を祭っているとの言われがある塚だ。光秀がたどった末路や彼の心中に共感した人々によっていつしか「むねんどう」と呼ばれるようになったという。明智越の頂上から水尾地区の集落に向けて進む途中には「土用の霊泉」と呼ばれる窪みがある。暑い土用の日にも涸れなかったと言われる泉で、光秀が止血に使う薬草を洗ったとの言い伝えが残っている。

スタートからゴールまでの道のりは約4時間。うっそうと木々が生い茂る山道は、歩いていて気持ちのいいコースだ。光秀になった気分で、楽しんでみてはいかがだろうか。

DATA
☎ 0771・22・0691（亀岡市観光協会）
🏠 亀岡市保津町～京都市右京区
🚉 JR山陰本線「亀岡」駅をスタート
🔗 http://www.kameoka.info/course/standard/post.php
（亀岡市観光協会HP）

21 福知山城 ふくちやまじょう

城郭建築の粋を集めた名城

京都府
福知山市

写真提供：ニッポン城めぐり

市内のあちこちから福知山城の勇姿を見ることができる

城下にも昔をしのばせる建物が並ぶ。光秀が城下町を整備した頃を思わせる景色

小高い丘の上にそびえ立つ城郭は
福知山市のシンボルになっている

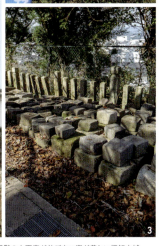

福知山市内の中央部を流れる由良川と、その支流である土師川が合流する地点のすぐ近くにある福知山城。3層4階の大天守と2層2階の小天守が、小高い丘の上に並び立つその姿は凛としてなんとも美しい。絵になる風景だ。

天守は初期の望楼型。2重の櫓に入母屋の大屋根をかけ、その上に小望楼をのせたものとなっている。

この城の礎を築いたのが明智光秀である。織田信長より丹波攻略の命を受けた光秀は、天正5(1577)年に亀山城を築城。そこを足がかりに丹波国の平定に成功した。その2年後の天正7(1579)年に、丹波国の統治の新たな拠点とするため室町時代からある横山城の修築を開始し、名称を福知山城と改めた。

石垣は野面積み、乱石積み、穴太積みなどと呼ばれる自然石をそのまま用いた豪放な積み方で、一見すると乱雑に見えるが強固に組み上げられているのが特徴的だ。

また、石垣に転用石が多数使用されているのも特徴のひとつ。その数は500個にも上るという。そもそも転用石とは、もともと他の目的で作成された石造品のこと。築城にあたり光秀は、近隣から石塔を集めたと伝えられている。その理由として考えられるのは、石垣に利用できる大量の石材が近辺になかったことや、築城に時間的な余裕がなかったことなど。また、この地の旧勢力の象徴であった寺院を破壊することで支配力を示そうとしたという説もある。

領民を思い、地子銭(土地税)を廃止したほか、経済発展にも力を入れた光秀。街のシンボル福知山城とともに、今なお福知山市民に愛される存在となっている。

1.3層4階の大天守と2層2階の小天守が並び立つ姿が美しい福知山城。福知山市民のシンボルだ。2.小高い丘の上にそびえ立っている。3.石垣などに市内の寺院などで使われていた石造品を転用した石が多数あるのも特徴。

食べたい！ご当地名物

もっちりした食感のゴム焼きそば

福知山に来たらぜひ食べたいのがゴム焼きそば。市内の数店舗でしか味わうことのできない、ご当地B級グルメである。その特徴は輪ゴムのように見える茶色い麺を使っていること。もっちり歯応えのある麺とソースがよく絡み、クセになるおいしさだ。

DATA
- 0773・23・9564
- 京都府福知山市字内記5
- 9:00〜17:00
- 大人330円、子供(小・中学生)110円
- 年末年始
- あり
- 電車/JR山陰本線「福知山」駅より徒歩15分、車/舞鶴・若狭自動車道福知山ICより8分

5億円以上の寄付を集め
市民の手で福知山城を再建

　光秀が福知山城の築城を始めたのは、天正7(1579)年のこと。天正10(1582)年には本能寺の変を起こし、その数日後には無念の死を遂げているため、光秀の在城期間はわずか3年ということになる。その後、次々と城主が交代をする中で、整備も順次進んでいき、最終的に現在のような城郭や城下町は、慶長5(1600)年頃に完成した。

　福知山の街の礎を築いたのが光秀なら、さらにそれを発展させたのは有馬豊氏だ。摂津有馬氏の一族として播磨国で生まれた豊氏は、遠江国横須賀3万石の大名として豊臣秀吉に仕えていたが、秀吉の死後は徳川家康に付き、慶長5年に勃発した天下分け目の関ヶ原の戦いでは東軍の勝利に貢献した。この功績が認められ、福知山藩主に任命された豊氏は、元和6(1620)年に久留米藩に移るまで、福知山城を現在のような連立式の天守がある城郭に大改修したり、城下町を整備したりするなど、福知山の街の発展に寄与したのである。

　その後、福知山城は明治維新後の新政府が出した廃城令に従って、明治6(1873)年に解体されることに。屋根瓦が寺院や民家の屋根材として使用されるなど、城の一部が福知山市内の建造物として再利用されたほか、城門は寺院の山門として、そのまま移築されている。昭和になり、市民の間に再建の機運が高まると、1口3000円の寄付金を募る「瓦一枚運動」が展開された。その結果、なんと5億円を上回る寄付が集まり、再建工事が着工。昭和61(1986)年には竣工式が執り行われた。

「豊磐の井」は深さが50mある井戸

城門は市内各地の寺院の山門として移築されている

TOPICS
福知山城の大天守内で光秀ゆかりの品を展示

昭和61(1986)年に再建された大天守は、福知山の歴史を後世に伝える展示施設になっている。城内には書状や肖像画、甲冑など、明智光秀ゆかりの品を多数展示。御霊神社に収められていた丹波攻めの際の書状や信長軍の軍規を記した「明智光秀家中軍法」などは、戦乱の世をうかがい知る貴重な史料だ。

NOW! 花見客にも人気のスポット美しい夜桜は必見

現在は福知山城公園として整備され、市民の憩いの場となっている福知山城。春は桜の名所として大勢の花見客で賑わっている。特にライトアップされた城と桜のコントラストが美しい夜桜は、一見の価値があるだろう。平成29(2017)年には日本城郭協会が認定する「続日本100名城」にも認定されている。

HISTORY

出来事	年	詳細
明智光秀が築城	天正7(1579)年	丹波を平定し、近世城郭へと修築
光秀死去	天正10(1582)年	本能寺の変後に死去。在城期間はわずか3年
羽柴秀勝が入城	天正11(1583)年	豊臣秀吉の意向で亀山城に続き登用される
有馬豊氏が城主に	慶長5(1600)年	関ヶ原の戦いの論功行賞で徳川家康から任命される
朽木稙昌が入城	寛文9(1669)年	常陸国より入城。以後、200年にわたり朽木氏の統治が続く
廃城が決定	明治6(1873)年	明治新政府の方針により、解体が進められる
市内の寺院に城門が移築される	明治6(1873)年	福知山市内の寺院に城門が順次移築されていく
市の史跡となる	昭和40(1965)年	福知山市は福知山城跡を史跡に認定する
瓦一枚運動で寄付を集める	昭和59(1984)年	再建機運が高まり寄付運動を展開。5億円以上が集まる
竣工式で再建完了	昭和61(1986)年	再建工事が完了。美しい城郭が復元される

丹波攻略の際に放火した茨木童子の伝説が残る山城

鬼ケ城
おにがじょう

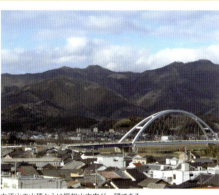

大江山の山頂からは福知山市内が一望できる

　福知山城から北へ数kmの距離にある標高544mの小高い山。丹波の大江山に住んでいたとされる鬼神で、能や歌舞伎の題材にもなっている酒呑童子の家来である茨木童子がこもり、近隣の住民の金品を奪い取っていたとの伝もある。

　その山上部には、戦国時代に丹波地方の雄であった赤井氏が建てた城があり、本丸を中心に曲輪や石積みなどの遺構も残っている。織田信長の一代記である『信長公記』には、天正7(1579)年に明智光秀が鬼ケ城を攻めて、近在に放火し、付城を築いたという記述が。丹波攻略を信長から命じられた光秀は、現在の京都市にあった宇津城を攻略した後、鬼ケ城へ攻め入っている。

　現在はハイキングコースとして登山道が整備されていて、麓から山頂まで、1時間ほどで登ることができる。山頂からは福知山市内が一望でき、とくに一面に宝石をちりばめたような夜景は絶景。福知山城から足を延ばして、立ち寄ってみたい。

DATA
🏠 京都府福知山市字安井
🅿 あり
🚃 (登山口まで)電車/JR山陰本線・福知山線「福知山」駅から京都交通バス「山野口」バス停より徒歩40分、車/舞鶴・若狭自動車道福知山ICより20分

22 愛宕神社 あたごじんじゃ

本能寺の変の前に運だめし

京都府 京都市

第一鳥居付近には、江戸時代から続く老舗の宿が2軒ある

愛宕山の山頂にある愛宕神社まで、険しい山道や何段もある石段が続く

「勝軍地蔵」に天下取りの夢を祈る？
武士たちに広く信仰された歴史のある神社

京都の愛宕神社は創建から1300年以上と古く、日本各地に約900社ある愛宕神社の総本社である。修験道の祖・役小角と白山の開祖・泰澄によって朝日峰に神廟が建立された。後に、和気清麻呂が白雲寺を含めた五つの寺を建立した。明治に入り廃仏毀釈により白雲寺は廃絶され現在の愛宕神社となる。

中世後期以降、白雲寺は神仏習合の修験道の道場であった。地蔵という名前ながら、甲冑を身につけ馬に騎乗した姿である「勝軍地蔵」を祭っており、疫病や厄災を防ぐとともに、その名が示す通りに「勝軍」の縁起を担いで、"武神"として広く武士たちに信仰された。

神事を重んじる明智光秀も熱心に信仰したひとり。本能寺の変の前に、宿坊「威徳院」で催した連歌会において「ときは今あめが下知る　五月かな」と織田信長を討ち取り、天下を取る決意を表した句を詠んだとあるが、真意は定かではない。

DATA
- 075・861・0658
- 京都府京都市右京区嵯峨愛宕町1
- 9:00～16:00
- 無料
- あり
- 電車/京福電鉄「嵐山」駅より京都バスで25分「清滝」バス停より徒歩約2時間、車/京都縦貫自動車道沓掛ICより30分

知っておくべき光秀用語
武家に人気の勝軍地蔵
甲冑を身につけ、右手に杖を持ち、左の手の平には宝玉を載せている、軍馬にまたがった姿をした地蔵菩薩のこと。これに祈りを捧げれば戦に勝てるという言い伝えがあり、とくに鎌倉時代以降の武家の間で信仰された。

1. 愛宕神社本殿の手前にある青銅製の鳥居と、その奥にある神門。2. 本殿まで残り450mの位置にある黒門。3. 登山口となる第一鳥居。愛宕山の標高は約900mあり、往復で5時間ほどかかる。

TOPICS
祈りを捧げれば必ず勝つ愛宕信仰

勝軍地蔵を祭る愛宕神社は、「祈れば必ず戦に勝つ」などとして戦国武将たちの間で人気を博した。「愛宕信仰」という言葉も生まれている。その一方、火伏の神としても知られた、鎮火の護符「火遁要慎（ひのようじん）」は一般にも信仰された。7月31日の「愛宕の千日詣で」が有名。

NOW! 3回目は大吉か凶か光秀も引いたおみくじ

光秀は威徳院で催した連歌会の前に、愛宕神社に立ち寄り、おみくじを3回引いたと言われている。その結果は、2回連続で「凶」を引いた後、最後に「大吉」を引いた「三度目の正直」説と、3回とも「凶」だったという「二度あることは三度ある」説とがある。ぜひ引いてみては？

※イメージ

岐阜 GIFU　福井 FUKUI　滋賀 SHIGA　京都 KYOTO　大阪 OSAKA　兵庫 HYOGO　和歌山・奈良 WAKAYAMA NARA

23 谷性寺 こくしょうじ

またの名を「光秀寺」と呼ぶ

京都府 亀岡市

初夏には桔梗の花が咲き乱れるため、「桔梗寺」とも呼ばれている

本殿へと続く階段には「ききょうの里」を知らせるのぼりが立つことも

本尊は信仰する不動明王
光秀の首塚がある寺院

平安時代に創建されたと言われる真言宗大覚寺派の寺院。明智光秀は本尊である不動明王を信仰しており、天正10(1582)年に主君である織田信長を討つため本能寺へ向かう途中に立ち寄ったと言われている。その際、光秀は「一殺多生の降魔の剣を授け給え」と誓願したという。

別名「光秀寺」とも呼ばれるなど、光秀との関連が深く、本堂には光秀像が安置され、首塚もある。光秀は生前、「私が死んだら不動明王があるこの寺に首を埋めるように」と家臣に託していたと言われ、その遺志に従って幕末に建立されたものだという。

山門には、明智家の家紋である桔梗が彫られている。亀山城下にあった西願寺の門を移築したものだ。領民から慕われた光秀をしのび、境内には桔梗がいつからか植えられるようになった。それゆえ、桔梗寺とも呼ばれている。

DATA
- ☎ 0771・26・2054
- 🏠 京都府亀岡市宮前町猪倉土山39
- 🚃 電車/JR山陰本線「亀岡」駅よりバスと徒歩で30分
- 🚗 車/京都縦貫自動車道亀岡ICより15分

ここに立ち寄る！
京の奥座敷で
ひと風呂浴びる

湯の花温泉は、戦国武将が戦での傷を癒やしたとの言い伝えが残る、亀岡市の西部にある温泉街。自然豊かな場所で「京の奥座敷」とも呼ばれている。谷性寺はさらに奥まった場所に佇んでいる。

1. 谷性寺の表玄関。緑の木々に覆われた美しい佇まい。
2. 光秀の遺志に従って建立された光秀の首塚。
3. 馬を操る光秀の像。

TOPICS
桔梗の花が咲き誇る
一大イベント

例年6月下旬から7月下旬にかけて「丹波かめおか光秀物語 ききょうの里」というイベントが開催される。谷性寺の門前には広大な花畑が出現。光秀の家紋である桔梗をはじめとするさまざまな花が咲き乱れる様子は一見の価値がある。毎年多くの人出で賑わうのもうなずける。

NOW!
毎年6月14日に
光秀をしのぶ法要が

境内には、光秀の首が葬ってあると言われている首塚がひっそりと佇んでいる。「光秀寺」という別名があるなど、光秀との関係性が深い谷性寺では、毎年6月14日には、しめやかに法要が執り行われている。彼の遺功をしのびに、出掛けてみてはいかがだろう。

24 光秀が造った川
小畠川 こばたけがわ

京都府 京都市

DATA
- 京都府京都市西京区樫原宇治井西町
- 阪急京都線「桂」駅下車 徒歩約20分

本能寺の変の直後に残る逸話
水不足に悩む農民を光秀が助ける

ここに立ち寄る！
江戸大名の宿泊所

明智川に関する案内看板から200mほど西へ向かった場所にあるのが樫原陣屋跡。山陰道の宿場町として栄え、江戸時代には参勤交代で往来した諸大名が宿泊したという。京都市内唯一の本陣遺構となる。

1. 小畠川は京都市西京区の住宅街を細々と流れる用水路。2. 幕末、長州藩・楳本儀之助らが殺害された場所で「勤王家殉難之地」の碑がある。3. 光秀と村人との逸話を紹介する案内看板。

TOPICS
信長に逆らった国人が居城した
物集女（もずめ）城跡

西ヶ岡衆と呼ばれた国人・物集女忠重は信長に逆らったため、天正3(1575)年、勝竜寺城に呼び出され、信長の配下にある細川藤孝に討ち取られた。その物集女氏の居城跡。約70m四方の主郭が残る。

NOW!
小畠川近くには
古代寺院跡も

国の史跡に指定されている「樫原廃寺跡」という古代寺院跡は7世紀半ばに建立され、平安時代中期に廃寺されたと考えられる。現在では、復元された八角塔を中心に周辺一帯が史跡公園となっている。

京都市西京区を流れる変哲のない用水路がある。通称を「明智川」ともいう小畠川だ。この小畠川には、明智光秀にまつわるこんな逸話が残っている。

天正10(1582)年、本能寺の変で信長を討った光秀が、山陰街道を経て領地である坂本城に戻る途中に落馬する。これを見た村人が、握り飯を光秀に差し出し「少し落ち着きなさい」と声をかけたという。そして、光秀は「東で燃えさかる炎はどこの火か。当てれば望みをかなえよう」と村人に問うた。村人は「あれは本能寺です」と答え、「この辺りの水田は水が不足しているので川を通して欲しい」と願い出る。当時、この地域は米六百石を朝廷に納めており、水不足から農民は貧窮していた。光秀は願いをかなえ、この川を造ったという。

25 明智光秀胴塚
あけちみつひでどうづか

光秀の胴体を埋めた場所

京都府 京都市

DATA
- 京都府京都市山科区勧修寺御所内町36
- 市営地下鉄東西線「小野」駅下車徒歩約10分

自刃後、光秀の胴体を埋葬したと伝わる塚

知っておくべき光秀用語

光秀の家臣・溝尾庄兵衛

光秀より10歳ほど年齢が若く、忠実に任務をこなした家臣。天正3(1575)年から光秀に仕えるようになり、丹波攻略などに奔走。本能寺の変前の重臣会議にも参加。織田信長を討つことに賛成したと言われている。

1.光秀が討たれたと言われる小栗栖のほど近くにあり、光秀の胴が埋葬されていると言われている。2・3.近くに案内看板などないので気付かずに通り過ぎないよう注意が必要。

TOPICS
光秀に対する秀吉の冷たい仕打ち

「山崎の戦い」が終わると、秀吉は700もの遺体の中から光秀の首を見つけ「首と胴体をつないで、金具でとめて粟田口の河原に磔にせよ」と命じたという。

NOW!
見どころいっぱいの勧修寺へ足を延ばす

竹槍に刺され瀕死の重症を負った光秀が逃げ込んだ勧修寺には、「君が代」に出てくる「さざれ石」や徳川光圀から寄贈された灯籠などがあり、見どころいっぱいだ。

天正10(1582)年、本能寺の変を起こした明智光秀は、羽柴秀吉との「山崎の戦い」に臨んだものの、敗戦。光秀は城主を務める坂本城へと戻ろうとした。

しかし、その途中の小栗栖(伏見区)にある竹薮道「明智薮」で、残党狩りの農民、あるいは信長の近臣から襲撃されてしまう。深い傷を負った光秀は自刃した。首は介錯をした光秀の家臣・溝尾庄兵衛によって隠されたという。それとは別に、持ち去られたという説もある。そして、残されることとなった光秀の胴は、この地に埋められることになったと伝えられている。

案内板もなく、奥まったところにあるので訪れる際は見逃さないように注意が必要だ。

26 明智光秀の首塚

本物の首塚と目される
あけちみつひでのくびづか

京都府 京都市

DATA
- 京都府京都市東山区三条通白川橋下る東側 梅宮町474-23
- 市バス「神宮道」バス停下車徒歩約3分、地下鉄東西線「東山」駅下車徒歩約5分

3つ存在すると言われる光秀の首塚のひとつ

ここに立ち寄る！
浄土宗の総本山・知恩院

浄土宗の開祖・法然が後半生を過ごした地に建てられた寺院。三門や本堂は国宝。ほかにも重要文化財となっている建物も多数残されている。光秀の首塚から南西へ数百mの距離。参拝に出掛けてみよう。

1. 光秀の首塚は住宅街の狭い路地の一角にひっそりと佇んでいる。
2. 知恩院はぜひ立ち寄ってみたいスポットのひとつ。
3. 小さな祠の前には戒名の書かれた石碑がある。

TOPICS
祠の中にあるのは光秀の木像や位牌

光秀の首塚には、五重の石塔や歌舞伎役者の市川團蔵が寄贈したという石碑、祠などがある。その祠の中に祭ってあるものは、光秀の木像と位牌などだ。かつては遺骨も納められていたという。

NOW！
桔梗紋が入った名物の光秀饅頭

この首塚を江戸時代から大事に守っているのは、和菓子屋の『餅寅』だ。桔梗紋の焼き印が入った「光秀饅頭」が名物である。黒糖入りの小豆餡と抹茶味の白餡の二種類。お土産を買いにぜひ立ち寄ってみては。

天正10（1582）年に、残党狩りの農民から襲撃されて瀕死の状態だった明智光秀は「わが首を斬り、知恩院にて灰にせよ。屍は田の中に隠し、人に知らせるな」と家臣・溝尾庄兵衛に命じ、首を斬り落とさせた。庄兵衛によって首は布にくるめ持ち去られたが、知恩院の傍まで来た時に夜明けを迎え、この付近に埋められたという。秀吉によって首は掘り起こされ、晒された後にこの塚に埋葬されて、五重の石塔が建てられた。時を経て光秀の子孫と称する人物が五重の石塔があった家をもらい受け、弔っていたが、明治以降に現在の場所へ移された。「明智光秀首塚碑」は首塚の所在を示すもの。

ちなみに光秀の首塚はここと合わせ、亀岡市の谷性寺、宮津市の盛林寺の3つあると言われている。

27 明智薮 あけちやぶ

光秀討たれる！

京都府 京都市

DATA
- 京都府京都市伏見区小栗栖小阪町 本教寺寺領
- 市営地下鉄東西線「醍醐」駅下車徒歩約15分、京阪バス「小栗栖」バス停下車徒歩約5分

光秀の無念が残る細い竹薮道

ここに立ち寄る！
光秀を討った飯田一党

光秀の終焉の地となった明智薮から300mほどの場所にある小栗栖八幡宮。創建は貞観4（862）年頃だと言われている。「山崎の戦い」の後、光秀はここを拠点とした飯田一党に討たれたとの伝が残っている。

1. 光秀終焉の地となった場所には石碑が建っている。2. このような竹薮道で光秀はその生涯を終えたと言われている。3. 明智薮の近くを流れる山科川。

TOPICS
あわせて訪れたい供養塔がある本経寺

光秀が討たれた明智薮の近くにある本経寺には、光秀の供養塔がある。本経寺は日蓮本宗の寺院で、室町時代末期に建立されている。江戸時代に火災に遭い一旦は焼失したものの、その後再建された。

NOW!
それって本当？語り継がれるエピソード

「薮には赤い竹が生える」「光秀の内臓が飛び出した地には草が生えない」…。明智薮の周辺に暮らす人たちの間では、このようなエピソードが、まことしやかに語り継がれているようだ。

天正10（1582）年、本能寺の変後、明智光秀は「山崎の戦い」で羽柴秀吉の軍に敗れ、家臣数名とともに暗夜に乗じて一旦勝竜寺城へ逃げ込んだ後、坂本城を目指した。

大亀谷から小栗栖の竹薮道に至った所で、農民（信長の配下や飯田一党という説もある）の襲撃を受けて深い槍傷を負ってしまう。この槍傷を受けたまま、300mほど馬で進んだというが、落馬し、自らの最期を悟った光秀は切腹。その波乱に満ちた生涯を終えた。

明智家再興を目指し、美濃から逃れ、苦難を乗り越えながらも信長の重臣となった光秀が、このような細い竹薮道で最期を迎えたのかと思うとその無念さは想像に難くない。最期の瞬間、光秀はいったい何を思ったのだろうか。

28 山崎の戦い本陣「御坊塚」
境野1号墳・恵解山古墳
さかいのいちごうふん / いげのやまこふん

京都府 長岡京市・大山崎町

DATA
境野1号墳
- 京都府乙訓郡大山崎町下植野境野地内
- 阪急京都線「西山天王山」駅より徒歩20分

恵解山古墳
- 京都府長岡京市勝竜寺30
- 阪急京都線「西山天王山」駅より徒歩14分

山崎の戦いの本陣は境野1号墳か、恵解山古墳か

1.境野1号墳に建つ明智光秀本陣跡の石碑。2.恵解山古墳の様子。埴輪列が復元されている。3.立命館中学・高校と隣接し、恵解山古墳公園として整備されている。

食べたい！ご当地名物
長岡京はタケノコの名産地

長岡京市の特産品はタケノコ。「京都式軟化栽培法」という独特の方法で、1年間手間ひまをかけて育てている。市内には地元特産のタケノコを使った料理を提供する飲食店が多数ある。

TOPICS
天王山という言葉は「山崎の戦い」で生まれた

勝敗や運命の重大な分かれ目を意味する「天王山」という言葉は、実は「山崎の戦い」から生まれたもの。秀吉が先に天王山を占拠したため、光秀との戦いを優位に進めることができたという伝承にちなんでいる。

NOW!
鉄製武具が出土した前方後円墳

国史跡恵解山古墳は、古墳時代中期に造られた前方後円墳。昭和55（1980）年に竹藪に覆われていた古墳の土中から、大刀や剣など約700点の鉄製武具が出土した。現在は恵解山古墳公園として整備されている。

本能寺の変が起きた後、たった10日で230kmの道のりを移動する「中国大返し」という離れ業を演じた羽柴秀吉の軍勢を、明智光秀の軍勢が迎え撃ったのが「山崎の戦い」だ。

この戦いで光秀が本陣である御坊塚を置いたという場所には、2つの説がある。ひとつは現大山崎町にある境野1号墳。4世紀後半に造られた境野古墳群の中の一部で、『太閤記』の記述によると、「御坊塚に光秀本陣が置かれ、兵力は五千有余あり」となっている。当地周辺の地形を考慮すると、境野1号墳が本陣に利用されたものだと考えられている。

もうひとつは、恵解山古墳。兵が駐屯するために古墳を平らに整形した曲輪の跡などが確認され、御坊塚があった場所が恵解山古墳だという説も浮上している。

29 盛林寺（せいりんじ）

光秀の首塚が祀られている

京都府 宮津市

光秀三女の細川ガラシャによって供養されたという首塚が残る

DATA
- 0772-22-4481
- 京都府宮津市字喜多696
- 京都丹後鉄道「宮津」駅より徒歩約50分

1. 盛林寺の境内。三女の細川ガラシャによって建てられた光秀の供養塔がある。2・3. 天正5（1577）年、上宮津城主の小倉播磨守が菩提寺として創建した。

食べたい！ご当地名物

クセになるカレー焼きそば

宮津市のB級ご当地グルメと言えばカレー焼きそば。市内の飲食店約十店舗で味わえる。ルーツはとある中華料理店。それがドライ、ウェットといったタイプや味付け、辛さなどを変え、他店に広がっていった。

TOPICS

茶の湯に通じた忠興が天橋立で茶会を開催

細川藤孝・忠興の父子は茶の湯に通じていた。天正9（1581）年、19歳の忠興は文化人を招き、日本三景のひとつ天橋立で初茶会を開いた。飾り船を仕立て、絶景を愛でながらの優美な茶会となったようだ。

NOW!

ガラシャ像が建つカトリック宮津教会

謀反人の娘として味土野に幽閉された細川ガラシャ。キリスト教への興味を深め、宮津でも布教を計画していたという。日本で2番目に古い宮津教会後ろの大手川ふれあい広場には、細川ガラシャ像が建ち、今は無き宮津城に向けて祈りを捧げている。

天正3（1575）年、織田信長は明智光秀に丹波平定を命じた。細川藤孝・忠興父子は光秀とともに出陣している。盛林寺が丹後守護一色家の重臣である上宮津城主・小倉播磨守の菩提寺として創建されたのは天正5（1577）年のこと。その翌年の天正6（1578）年、光秀軍は宮津谷へ攻め入り、小倉氏を滅した。丹波平定後、信長は光秀に丹波国を、藤孝に丹後国を与えている。

丹後の大名となった藤孝は宮津城を築城。盛林寺はその庇護をうけた。細川忠興に嫁いだ光秀の三女・細川ガラシャは、入城から2年も経たないうちに父の起こした本能寺の変で、謀反人の娘として味土野に幽閉された。秀吉が宮津に届けさせた光秀の首は、ガラシャによって供養されたという。

30 御霊神社 ごりょうじんじゃ

光秀公を主祭神として祭る

京都府 福知山市

写真提供：福知ナビ（https://fukuchi-navi.com/）

美しい朱塗りの拝殿。宇賀御霊大神と光秀が合祀されている

「光秀を偲ぶ影濃し秋祭」と光秀のことを思って書かれた歌碑もある

非業の死を遂げた、光秀の祟りを鎮めた神社

御霊神社は宝永2(1705)年、福知山城下の広小路に創建された。現在の場所には大正7(1918)年に移されている。主祭神は宇賀御霊大神。五穀豊穣、商売繁昌の神として崇められている。

明智光秀の死後、福知山では天災が相次いだという。こうした事態に領民たちは「冤罪で非業の死を遂げることになった光秀公の霊魂が祟っているからではないか」と恐れを抱くようになり、御霊神社に宇賀御霊大神と光秀を合祀することにした。

神社の名前でもある「御霊」には冤罪の者の魂を慰めるという意味がある。主君にそむく逆臣として一般的にはあまり良いイメージを持たれていない光秀だが、福知山でのイメージはそれとはまったく正反対。福知山城を築城した光秀は、城下町を整備する際に地子銭(土地税)を免除したほか、由良川に堤防を築いて水害を抑えるなど、さまざまな善政を行ったからだ。今も福知山の人々は光秀のことを「御霊(ごりょう)さん」と呼び、慕っているという。

DATA
- ☎ 0773-22-2255
- 京都府福知山市西中ノ町238
- P あり
- 電車/JR山陰本線「福知山」駅より徒歩10分、車/舞鶴若狭自動車道福知山ICより15分

ここに立ち寄る！
福知山市治水記念館

市内を流れる由良川は古くから水害を起こしてきた。光秀も福知山平定後に堤防を築くなど治水に取り組んでいる。治水記念館は先人たちの取り組みを後世に伝え、これからの治水や防災について考える施設だ。

1. 福知山市民から「ごりょうさん」と呼ばれ親しまれている、明智光秀を主人公にしたNHK大河ドラマが始まることをPRする看板も出現。2. 境内には光秀を祭っていることを伝える木碑がある。3. 境内はこぢんまりとした印象。

TOPICS
『御霊神社』は願いが叶うパワースポット

境内には「叶石(かなえいし)」という不思議な石が祭られている。神話に登場する思兼神(おもいかねのかみ)と非常に力の強い天手刀男神(あめのたぢからお)という二柱神を鎮め、悲願成就の神として祭った。その後、様々な霊験が起こり、「叶石」と呼ばれることになったという。必勝祈願・縁談・諸災難除などのご加護を受けることができるパワースポットだ。

NOW! 御霊公園が隣接 市民の憩いの場に

善政を行った光秀を祭り、福知山市民から「ごりょうさん」として親しまれている御霊神社。神社の隣は御霊公園として整備されている。平日の午後は、近所の子供たちにとっての大切な遊び場。楽しそうな笑い声がこだまする。土日は大勢の人出で賑わう祭りやイベント会場に。神社とともに市民の憩いの場となっている。

31 山崎合戦古戦場碑

天下分け目の天王山

やまざきかっせんこせんじょうひ

京都府 大山崎町

山崎合戦古戦場碑から車で10分ほどの場所にある
JR山崎駅前にあるモニュメント

JR山崎駅前にある観光案内板を参考に
出掛けてみては

圧倒的に不利な状況で戦った光秀
細川父子の不参戦が致命傷となる

明智光秀最後の戦いの地となった大山崎は、摂津国（大阪府）と山城国（京都府）の境にあった。京都縦貫自動車道の高架下にある「天王山夢ほたる公園」にある〝歴史の広場〟のエリアに「天下分け目の天王山　山崎合戦古戦場」と記された牌が建っている。天王山の麓に流れていた円明寺川（現・小泉川）を挟んだ一帯がちょうど戦いの場だったという。

軍勢は羽柴秀吉軍は約4万人、一方の光秀軍は1万6千人ほど。戦は短時間で終わったという。当時の山崎は沼地が広がり、大軍が通過できるのは天王山と沼に挟まれた狭い場所のみ。光秀は、淀川と天王山に挟まれた山崎の狭い道で待ち構え、秀吉軍が縦長の陣形で進軍してくるところを順次撃破するという作戦をとった。しかし、実際の戦場となったのは、狭い道を抜けた円明寺川の辺りとなり、秀吉軍は大軍の利を生かして勝利した。

DATA
☎ 075・956・2101
京都府乙訓郡大山崎町字円明寺小字松田
P あり
交 阪急京都線「西山天王山」駅より徒歩15分

ここに立ち寄る！

ウイスキーの古里で酔いしれる

「山崎の戦い」の跡地から南西へ1kmほどの場所にあるのがサントリー山崎蒸溜所。ここから、日本のウイスキーづくりは始まった。ウイスキーの製造工程を見学するツアーなどが楽しめる。

1. 京都縦貫自動車道の高架下に整備された天王山夢ほたる公園の中に山崎合戦古戦場の碑が建っている。2. 公園内には子ども向けの遊具があり、いつも多くの子どもたちの歓声が響いている。3. 昔ここで戦が行われたことを伝える案内看板。

「山崎の戦い」における明智光秀の敗因とは

主な敗因は2つ。ひとつは、光秀が京都防衛のため分散的に配置していた軍勢を呼び戻すことに時間がかかったこと。もうひとつは兵力差。盟友と思っていた細川藤孝・忠興父子は中立を守り、光秀に加担しなかったことも大きく影響したようだ。

NOW! 武将になった気分で天王山をハイキング

「山崎の戦い」の地となった天王山は現在ハイキングコースとして整備されており、1時間ほど歩けば山頂までたどり着くことができる。美しい自然に触れ、往時をしのばせる史跡を巡りながら、光秀あるいは秀吉になった気分で歩いてみてはいかがだろう。

32 慈眼寺 じげんじ

墨で塗られた光秀の木像を祀る

京都府 京都市

曹洞宗の寺院。土曜・日曜・月曜の週3日は拝観することができる

境内にある釈迦堂。この中に光秀の黒座像が安置されている

「くろみつ大雄尊」として密かに祀られてきた光秀の秘像

京都市の北部、清流の上桂川が流れる京北周山の麓に建つ曹洞宗の寺院・慈眼寺。

創建、変遷は不明とされ謎に包まれているが、中世（鎌倉〜室町時代）に草創されたとも言われている。

天正6(1578)年、明智光秀は織田信長の命でこの地を訪れている。当時暴力による悪政を行っていた宇津右京大夫を討つためだった。天正7(1579)年、光秀は宇津城を攻めると、戦うことなく宇津を降伏させ民を解放した。

周山の村民はその光秀の徳を慕い、人柄を讃え崇敬の念から光秀の没後1体の木像「明智光秀坐像」を制作した。しかし、光秀は逆臣の汚名を着せられていたため、木像は墨で塗りつぶされ、金具も外され、明智家の桔梗紋も隠されている。「くろみつ大雄尊」と呼ばれ、慈眼寺の釈迦堂に周山の村民たちによってひっそりと祀られてきた。

DATA
- ☎ 075・852・0213
- 京都府京都市右京区京北周山町上代4
- P あり（無料）
- 電車/JR東海道本線「京都」駅から「周山」までバスで85分、車/国道162号線で京都市中心部より50分
- http://jigenji.kyoto/

知っておくべき光秀用語
すぐに破壊された周山城
天正9(1581)年、光秀が丹波支配の拠点として築城した山城。山頂からは京都と若狭を結ぶ周山街道が一望できた。その翌年に光秀が死去すると、明智勢の郎党によってすぐに破壊されたと言われている。

1. 光秀の墨塗り黒座像を安置。その人柄をたたえ、尊敬の念から作られたと言われている。2. 光秀は、丹波平定後に善政を行った名将として地元住民から祭られた。3. 明智一族の霊を祀っていることなど、寺の由緒が記されている案内看板。

TOPICS
築城が叶わなかった周山城の山裾にある寺院

明智光秀ゆかりの寺として知られる慈眼寺。本能寺の変により明智光秀が築城の志を遂げることができなかった周山城の山裾に位置する。山号は慧日山といい、曹洞宗永林寺の末寺。本堂の本尊には「聖観世音菩薩立像」、脇仏は「毘沙門天」「地蔵菩薩」を安置する。本堂は昭和42(1967)年に再建された。

NOW! 一般拝観日は週3日 キャラクターも大人気

一般拝観日は土曜・日曜・月曜の週3日、午前10時〜午後4時までと限られている。市文化財に指定されている「明智光秀坐像」、幹周3.8m、樹高30mのイチョウの巨樹があり、雌木で銀杏が多く採取される。本堂や開山堂、釈迦堂など観光名所も多々あり、寺のキャラクター「くろみつくん」も人気が高い。

岐阜 GIFU / 福井 FUKUI / 滋賀 SHIGA / 京都 KYOTO / 大阪 OSAKA / 兵庫 HYOGO / 和歌山・奈良 WAKAYAMA・NARA

光秀に思いをはせて…
福知山市内で城門巡り

明智光秀によって築かれた福知山城。
明治時代に廃城となる際、
市内各所にある寺院に城門が移築され、
いまなお往時の姿を残している。
光秀の遺構を巡る旅に出掛けてみよう

写真提供：日本の城写真集

33 明覚寺
みょうかくじ

豊臣秀吉が大坂城を築いた翌年の天正12(1584)年に、高橋越後守という武士が出家して真宗の僧となり建てたと言われている浄土真宗本願寺派の寺院。

福知山城廃城の際に移築された山門は、江戸城外桜田門などと同じ高麗門。守備側の死角を減らすため、屋根が小ぶりな造りとなっているのが特徴だ。比較的細い部材で構成されていて、軽やかな印象を与える。修理が施されているが、形式はほぼ移築当時のまま。福知山市重要資料。

小ぶりな造りの屋根が特徴の山門

細い部材で造られているため軽やかな印象だ

DATA
☎ 0773・22・2325
🏠 京都府福知山市字呉服77
🅿 あり
🚃 JR山陰本線「福知山」駅より徒歩15分
🌐 http://myoukakuji.or.jp/index.html

88

34 法鷲寺
ほうじゅうじ

　16世紀に開創された浄土宗の寺院。江戸時代に入ると福知山藩主である朽木家からの庇護を受けて大きく栄えた。火災や水害など5度の災厄に見舞われながら、それを乗り越え現在に至っている。

　寺の表玄関となる山門は、敷居から鴨居までの距離が長く、豪壮な風格を持つ大型の高麗門。軒桁より上の部分は鬼瓦を除いて、新しい部材が使われている。修理の際に新しくなったもので、屋根板を支える垂木も変更されている。一方、肘木から下は移築当時のままの状態で保存されているようだ。福知山市重要資料。

威厳を感じさせる法鷲寺の山門

敷居から鴨居までの高さがあるのも特徴

DATA
- 0773・22・2432
- 京都府福知山市字下紺屋86-4
- あり
- JR山陰本線「福知山」駅より徒歩16分

35 正眼寺
しょうげんじ

　寺社仏閣が密集する寺町の一角に構える曹洞宗の寺院。創建は古く、大宝元(701)年だと言われている。その後、慶長18(1613)年に寺院として整備され、名称が正眼寺と改められた。

　明治31(1898)年に福知山城より移築された山門は、金具が銅でできているため銅門(あかがねもん)と呼ばれている。丁寧に造られ、洗練された印象のある高麗門。脇戸がついていて、屋根は本瓦葺きとなっている。修理は施されているようだが、建立当時の姿がほぼ保たれている。福知山市重要資料。

建立当時の姿がほぼ保たれている正眼寺の山門

金具が銅でできているため「銅門」と呼ばれている

DATA
- 0773・22・3093
- 京都府福知山市字寺30
- なし
- JR山陰本線「福知山」駅より徒歩20分

36 照仙寺
しょうせんじ

　文亀2(1502)年に念仏道場として開創したのが始まりと言われる真宗大谷派の寺院。
　福知山城より移築された山門は、他の寺院とは形式が異なるのが特徴。中央に両開きの大きな扉がある長屋門様式で、比較的規模が大きなものであることから藩主級の屋敷門という可能性も指摘されている。このほか、松本城でも見られる太鼓門との説もあるようだ。
　照仙寺はこれまで2度移転し、屋根などに一部補修の跡も見られるが、移転当時の姿を多く伝えている。福知山市重要資料。

中央の両開きの扉がある照仙寺の山門

比較的規模が大きく藩主級の屋敷門の可能性も

DATA
- 0773・22・2415
- 京都府福知山市堀上高田2102-3
- なし
- JR山陰本線「福知山」駅より徒歩29分

37 観瀧寺
かんりゅうじ

　高野山真言宗の名刹。福知山城から移築された城門が2つある。いずれも福知山市重要資料。
　山門は規模の大きい薬医門(やくいもん)。一般的に薬医門は、本柱の後方に控え柱を立て、その上に女梁(めうつばり)と男梁(おうつばり)をかけ、屋根が切妻破風造(きりづまはふづく)りのものをいうが、観瀧寺山門では女梁が省略されている。南門は敷居と鴨居までの距離が短く、水平感が強い高麗門。垂木から上はすべて新しい部材に変わり、瓦にも2、3種類の材料が混じっていることから何度か修理を行ったことがわかる。

山門は規模の大きな薬医門

敷居から鴨居までの距離が短い南門

DATA
- 0773・34・0474
- 京都府福知山市口榎原小字上條3354
- なし
- JR山陰本線「福知山」駅よりバスと徒歩で40分

38 瑞林寺
ずいりんじ

福知山市の西部にある高野山真言宗の寺院。福知山城の廃城令が出された後、明治5(1872)年から明治10(1877)年までの間に移築されたものだと考えられている。断面が波形をした桟瓦(さんがわら)葺きの屋根をした薬医門で、扉には先端が大きく広がった八双金具が飾り付けられているのが特徴だ。

瑞林寺内には山門のほかにもうひとつ、宝篋印塔(ほうきょういんとう)という福知山市の指定文化財がある。その形状より14世紀中頃に制作されたと推定されている。

瑞林寺の山門。桟瓦葺きの薬医門

DATA
☎ 0773・38・0102
住 京都府福知山市夜久野町板生2078
P なし
交 JR山陰本線「上夜久野」駅より徒歩28分

歴史を感じさせる佇まい

福知山市

39 天寧寺 てんねいじ

貴重な文化財が多数残る禅寺

京都府 福知山市

歴代室町将軍が深く帰依し光秀の目にも留まった大寺院

DATA
- ☎ 0773-33-3448
- 🏠 京都府福知山市字大呂1474
- 🅿 あり
- 🚃 電車/京都丹後鉄道「下天津」駅より徒歩20分、車/舞鶴若狭自動車道福知山ICより25分

知っておくべき光秀用語

室町の高僧・愚中周及（ぐちゅうしゅうきゅう）

臨済宗の僧。7歳で寺に入り、13歳で出家。中国で修行を重ね、帰国後に臨済宗愚中派を興し、天寧寺を開山した。応永14(1407)年、室町幕府4代将軍・足利義持に招かれ、禅の心を説いた。

TOPICS

愚中周及が開山 丹波随一の古刹

広大な敷地内に、本堂、薬師堂、開山堂、禅堂などの施設を備えた大寺院である。立派な山門にかかる扁額は、室町幕府4代将軍足利義持の筆によるもの。山号は紫金山。

NOW!

京都府文化財に指定される薬師堂

境内の中央にある薬師堂は、寛政6(1794)年に建立されたもので、方三間裳階付という中世禅宗仏殿の正規の形式だ。西国四十九薬師の第27番でもある。薬師堂をはじめ9件が府の文化財に指定されている。

1. 丹波地方でも随一の歴史を誇る古刹。静寂な佇まいの中にも威厳を漂わせている。2. 桜の木が満開を迎えると境内が華やいだ雰囲気に。3. 紅葉の名所としても知られている。

貞治4(1365)年に金山城主・金山宗泰の保護を得て愚中周及により開山した、臨済宗妙心寺派に属する禅宗寺院。歴代の室町将軍からの庇護が厚く、室町時代は大いに寺盛を誇った。特に4代将軍足利義持が帰依し、祈願所としたことでも知られる。戦国時代には明智光秀が手厚く庇護し、天正8(1580)年2月13日付けの諸役免許の判物は光秀の自筆のものとされる。寺宝には、愚中周及が元から持ち帰った仏具や絵画工芸品などの貴重な文化財が多く、特に李龍眠様、絹本着色十六羅漢像、絹本着色即休契了画像は国の重要文化財に指定されている。本堂は安永6(1777)年の火災、昭和36(1961)年の落雷により焼失し、昭和38(1963)年に再々建されたものだ。

40 薬師寺 やくしじ

神仏の霊験あらたかな縁起寺

京都府 京都市

DATA
- 075-852-0534
- 京都府京都市右京区京北細野町上之町33
- P なし
- 電車/嵐電北野線「龍安寺」駅よりバスと徒歩で65分、車/京都縦貫自動車道八木東ICより30分

光秀による周山城築城時に用材徴発の難を逃れた

ここに立ち寄る！
緑豊かな里山・京北地域

薬師寺のある京北地域は京都の市街地から車で約1時間の場所にある緑豊かな里山。林業で栄え、いまも昔ながらの風景が見られる。陶芸や木工などさまざまな体験ができる施設がある注目のスポットだ。

1. 周囲の寺が光秀によって破壊される中、霊威を発揮したためその難から逃れたという。2. うっそうとした緑に囲まれた薬師寺の山門。3. 宗派は臨済宗南禅寺派。山号は岸池山。

TOPICS
南北朝時代から時を刻み続ける鐘

寺が所有する「永和元年」と刻まれた鋳銅製の梵鐘は京都市指定文化財だ。同じ銘のある鰐口（金属製の平たい鐘）が亀岡市の金輪寺に残されている。その鰐口は永徳2(1382)年に作られたものだ。

NOW!
穏やかな彫法の木造地蔵

京都市指定文化財の木造地蔵菩薩半跏像は、嵯峨福生寺地蔵堂の本尊だったものである。同寺が衰退した後に薬師寺へと移されてきたものだ。建長8(1256)年に修理を行ったときの銘がある。

　暦応年間(1338-1342年)、光厳天皇の丹波巡錫(じゅんしゃく)の際に建立された六庵三寺(蔵春庵・大源庵・金粟庵・耕雲庵・宝泉庵・福田庵・薬師寺・阿弥陀寺・峯寺)のうちのひとつ。山号は岸池山。

　天正7(1579)年、明智光秀が周山城を築いた際、丹波地方に近在する寺社を数多く破壊し、城の用材とした。近隣の福徳寺など、廃絶した寺は数多い。元禄12(1699)年作の岸池山薬師寺縁起絵巻によれば、この際、薬師寺は霊威により難を逃れたと記されている。また、用材として徴発するための刻印が刻まれた丸柱がそのまま遺されている。薬師寺としては江戸時代に一旦廃絶しているものの、跡地に蔵春庵が建立、再び薬師寺と改名された歴史を持つ。

41 南禅寺金地院「明智門」

短い天下人時代の寄進による遺産

なんぜんじこんちいん「あけちもん」

京都府 京都市

DATA
- ☎ 075・771・3511
- 🏠 京都府京都市左京区南禅寺福地町
- P あり
- 🚃 電車/京都市営地下鉄東西線「蹴上」駅より徒歩7分、車/名神高速道路京都東ICより25分
- HP http://www.nanzen.net/

天下の将軍・家康を祭る東照宮を静かに見上げる因果の門

ここに立ち寄る!
日本文化の祖神・平安神宮

明智門から北西に1kmほどの場所にある。桓武天皇と孝明両天皇を祭り、境内には美しい朱塗りの建物が。四季折々の表情を見せる、3万㎡の広さを誇る池泉回遊式庭園も見どころのひとつだ。

1.光秀が母の菩提のために建立したと言われる明智門。2・3.枯山水・鶴亀庭園としても名高い金地院の庭園。広い敷地では、四季折々の美しい風景と出合うことができる。

TOPICS
移築に耐えうる桃山建築の唐門

釘を用いず、組木のみでできている木造の門は、分解や移築が容易であることが特徴のひとつだ。明智門が本来建っていた場所となる大徳寺の南門には、同じ敷地内にある大慈院が移されている。

NOW!
見ごたえ十分 特別名勝の枯山水

鶴亀庭園は、江戸初期の代表的な枯山水庭園として知られている。右手の鶴島の背には1000年の松、左手の亀島の背には香木が植えられており、立体感を感じさせる美しい庭だ。

　金地院は、臨済宗南禅寺派の大本山・南禅寺の境内にある塔頭(たっちゅう)寺院。室町幕府4代将軍・足利義持によって北山に創建されたのち、南禅寺の中興開山崇伝和尚によって再建された。小堀遠州作の三大東照宮のひとつがあり、家康の遺髪と念持仏が祭られている。同じく小堀遠州の設計になる枯山水・鶴亀庭園でも名高い。金地院には6つの門があり、庭園にいちばん近い場所にあるのが明智門だ。本能寺の変の直後、明智光秀は母の菩提を弔うために銀子100枚を大徳寺に寄進する。光秀はその後死去するが、大徳寺は遺志を継ぎ、天正10(1582)年に方丈の南門を建立した。明治19(1887)年、金地院の御成門(おなりもん)が豊国神社の神門として移築されたことに伴い、現在地に明智門が移築された。

42 妙心寺 みょうしんじ

僧が修行に使用した「明智風呂」

京都府 京都市

DATA
- ☎ 075・466・5381
- 京都府京都市右京区花園妙心寺町1
- P あり
- 電車/JR嵯峨野線「花園」駅より徒歩5分、車/名神高速道路京都東IC、もしくは京都南ICよりそれぞれ40分
- HP https://www.myoshinji.or.jp/

逆賊の汚名を「洗い流す」ために光秀の叔父が造った蒸し風呂

1. 妙心寺は臨済宗妙心寺派3400寺の大本山。日本最大の禅寺と言われている。 2. 10万坪を超える広い敷地があり、たくさんの見どころがある。 3. 重要文化財の三門。

ここに立ち寄る！
世界遺産・仁和寺（にんなじ）

妙心寺から北西へ約1kmにある、仁和2（886）年に創建した真言宗御室派の総本山。皇室と縁が深く、格式の高い宮廷風建築は見もの。境内を美しく染める御室桜は、京都一の遅咲きとしても有名だ。

TOPICS
修行の場としてのサウナ式蒸し風呂

当時の浴室は今でいうサウナ風呂。入り口には3つの引き戸があり、開閉することで温度を調節していた。内部は唐破風屋根を備えた小部屋で、一度に6～7名が入浴できる広さがあった。

NOW!
「開浴」を知らせる専用の浴鐘楼

浴室北の鐘楼は春日局が建立したものだと言われている。風呂が沸いた合図に使用したようだ。火災で焼失してしまったが、現在使用されているものは、京都の東山仁王門の信行寺の鐘楼を譲り受けている。

臨済宗妙心寺派の大本山で、日本最大の禅寺と言われる。境内は10万坪もの敷地を誇り、46もの塔頭寺が属している。三門の東には「明智風呂」と呼ばれる浴室が。天正15（1587）年に明智光秀の叔父である密宗和尚が光秀の菩提を弔い、逆賊という汚名を「洗い流す」ために造ったとされている。当時の風呂は浴槽に湯を溜めるものではなく、隣接した小部屋で沸かした湯を簀子（すのこ）を敷いた床下に流し、隙間から出る蒸気で体を温める蒸し風呂だった。現在の建物は明暦2（1656）年のもので、僧侶が中で線香1本が燃えるまでの間、坐禅を続ける修行の場として使用されていた。本能寺の変の後、光秀が参拝した記録も残されている。

実は泉州に潜伏していたという説もある
大阪府

「山崎の戦い」に敗れ、自害したといわれる光秀だが、
実は生き延びていたという説も。
大阪南部・泉州の寺院には
光秀が隠棲していたという伝が残っている

大阪城（大阪府大阪市）

- ㊸ 光秀寺 ……P98-99
- ㊹ 石山本願寺 ……P100-101

創建した仁海上人は明智一族と何か関係があったとされる
㊸ 光秀寺

光秀の子・南国梵桂が建てたと伝わる。光秀の肖像画がある
本徳寺

43 光秀寺(こうしゅうじ)

本能寺の変後に光秀をかくまった

大阪府 高石市

光秀をかくまったとの伝が残る
光秀ゆかりの寺院

浄土真宗本願寺派の寺。本能寺の変があった天正10(1582)年、仁海上人によって創建されている。光秀寺という寺号はもちろん、寺紋には明智光秀の家紋である桔梗を使うなど、光秀に由来するものが多く、仁海上人と明智一族との間には何らかの関係があったのではないかと推察されている。本尊である阿弥陀如来立像は高さ58cmの寄木づくり。元禄2(1689)年の紀年銘がある。元は助松庵と称される通り現在の大阪府泉大津市助松町にあったが、昭和51(1976)年に北東へ1kmほどの場所となるこの地へ移転した。移転する前の助松庵には、明智光秀が隠棲していたという伝説が残っている。地域史『和泉伝承志』によると、「山崎の戦い」で敗れ坂本城への逃走中に自害したとされる光秀の遺体は影武者のものであり、光秀ではないと否定。光秀は京都の妙心寺で自害しようとしたが止められ、和泉貝塚へと行ったことになっている。

DATA
☎ 072-263-7462
🏠 大阪府高石市千代田5-4-23
🚉 南海本線「高石」駅より徒歩6分

ここに立ち寄る!
全国有数の工場夜景

光秀寺から500mほど北西にある埋め立て地は工場の集積地。夜になると星がきらめくように輝く工場夜景が楽しめる。高石工場夜景は、日本屈指の連続的工場景観と評されるほど。ぜひ、写真に収めたい。

1.光秀寺の外観。現在の場所に移転する前の助松庵には光秀が隠棲していたという言い伝えがある。2.美しいと評判の高石工場夜景。3.光秀寺の歴史などを伝える案内看板。

TOPICS
泉州地域と光秀の深い結びつき

光秀と泉州地域との関わりを示す伝承はいくつも存在する。堺市にある丈六墓地では、昭和18(1943年)頃まで光秀追善供養を、泉大津市豊中町では徳政令を約束した光秀に謝恩を表す供養を長年行っていた。

NOW! 明智家の紋にならう!? 建物には桔梗紋

建物のいたるところに寺紋である桔梗紋が描かれており、境内には「明智日向守光秀公縁の寺」と書かれた石碑が建っている。寺内には他に、元禄13(1700)年の紀年銘がある旧本堂の鬼瓦を所蔵する。

44 石山本願寺
信長との抗争に敗れ消失
いしやまほんがんじ

大阪府 大阪市

石山本願寺の前身となる大阪御坊を建立した蓮如上人の碑

和歌山市にある浄永寺には石山合戦の戦死者を弔う逆修塔がある

大阪城が建つ前にあった
本願寺教団の総本山

現在の大阪城本丸の地にあったとされる浄土真宗の本山。天文2(1533)年に本願寺教団の本山となって発展し、戦国時代の一大勢力に。元亀元(1570)年になると、本願寺の宗主・顕如と織田信長の対立は激化。顕如は反信長の諸大名とも手を組み、その後11年間戦った。こうした信長と本願寺教団の一連の抗争のことを石山合戦という。

天正4(1576)年春、顕如は3度目の挙兵をする。それに対し信長は、明智光秀らに命じて、石山本願寺を三方から包囲した。本願寺軍は1万を超える軍勢で攻め入り、光秀は一転危機に陥ることとなる。その後、信長が3000の兵を連れて助けに駆けつけると、光秀らと合流して逆襲に転じる。本願寺軍は敗走し、石山本願寺へと退去した。本願寺軍は兵糧攻めに遭い大敗。天正8(1580)年、朝廷の調停により和議が成立し、顕如は退去を余儀なくされる。これにより寺は消失した。

DATA
- ☎ 06-6941-3044（大阪城天守閣）
- 🏠 大阪府大阪市中央区大阪城1-1 大阪城天守閣
- Ⓟ 365台
- 🚃 JR環状線「大阪城公園」駅、または「森ノ宮」駅より大阪城公園まで徒歩1分
- HP https://www.osakacastle.net（大阪城天守閣HP）

ここに立ち寄る！
大阪城公園で史跡巡り
石山本願寺があったのは大阪城の二の丸あたり。せっかく来たのであれば、ゆっくり大阪城公園を満喫しよう。金をふんだんに使った大天守や重要文化財の大手門、日本一高い石垣など見どころはたっぷりだ。

1.大阪城公園内に立っている石山本願寺推定地の石碑。2.昭和6(1931)年、市民の協力で再建された大阪城天守閣。3.大阪城六番櫓。石山本願寺推定地の碑はこの近くにある。

TOPICS
信長が石山本願寺を攻めた理由
信長が石山本願寺のある上町台地を手に入れたかった理由は立地の良さ。大阪一帯を見渡すことができる上、海が近く敵が攻めにくかったからだ。水路を利用した物流の基点かつ、瀬戸内への水上交通の要衝でもあった。

NOW!
大阪城で見つけた石山本願寺の痕跡
大阪城の二の丸には、石山本願寺推定地の石碑と案内看板がある。石山本願寺の遺構はいまだ確認されておらず、石山本願寺があった正確な位置は分かっていないが、大阪城公園内にあることは確実だと考えられている。

信長の命を受けて、丹波攻略に邁進する

兵庫県

主君である織田信長に命じられ、
光秀は丹波攻略に力を注ぐ。
数ある山城を次々と攻め、
ついに念願の丹波平定を果たした

円通寺（兵庫県丹波市）

㊺ 黒井城跡
赤鬼と称された赤井直正の城。光秀により落城

㊻ 興禅寺
黒井城の下館跡。春日局が生まれた場所

三尾山城跡
光秀の丹波攻めに抗い、赤井一族の残党が籠城した城

㊽ 金山城跡
波多野氏と赤井氏の連携を断つために光秀が築いた城

㊾ 誓願寺
波多野氏の菩提寺。八上城攻めを描いた合戦図絵が伝わる

籾井城跡
光秀の二度目の丹波攻めにより落城

㊼ 八上城跡
数度にわたる光秀の攻撃を迎え撃ったとされる

45 黒井城跡 くろいじょうあと

光秀も苦労した難攻不落の山城

兵庫県 丹波市

黒井城の本丸は標高365mの猪ノ口山の山頂部にあった

山の中腹、石踏の段と言われる曲輪跡の近くにある赤門

光秀に死の恐怖を抱かせた
丹波の赤鬼・赤井(荻野)直正

織田信長の命を受けて明智光秀が行った丹波攻略の中で、恐らく最も手を焼いたのが、黒井城だったと言っても過言ではないだろう。

黒井城があったのは、現在の兵庫県丹波市のほぼ中央部。標高365mの猪ノ口山という小高い山の山頂を平たく削った場所に建てられていた。山全体を要塞と化したその構えは堅牢で、戦国時代の山城の典型として高い評価を受けている。

光秀が攻めあぐねた理由は、もちろん城の造りが防御に適していたこともあるが、それだけではない。城主が「丹波の赤鬼」と恐れられた赤井(荻野)直正であったことも大きな理由のひとつだ。

丹波でも有力な豪族である赤井家に生まれた直正は、天文23(1554)年に黒井城主である荻野秋清を刺殺するとそのまま城主となり、悪右衛門と呼ばれることに。黒井城の整備や城下町の整備を行うなどして、その勢力を丹波国全体に拡大していった。元亀元(1570)年には、信長より丹波奥三郡の安堵を受けていたにもかかわらず、反信長を掲げる勢力との結びつきを強めたため、次第に信長と敵対するようになっていった。そうした背景もあって信長は光秀に丹波攻略を命じたのである。

天正3(1575)年、光秀軍は直正のいる黒井城を取り囲んだが、味方についていたはずの波多野秀治の裏切りに遭い、壊滅的な打撃を受けている。光秀は命からがら亀山城へと逃げたという。この作戦は後に「赤井の呼び込み戦法」と呼ばれた。

光秀が再度黒井城を攻めたのは、天正7(1579)年のこと。その前年に直正が病死していたこともあり、黒井城は落城した。おそらく直正がいたら、そう簡単にはいかなかっただろう。光秀の丹波攻略にさらに時間がかかっていたかもしれない。

1.黒井城は別名で保月城(ほげつじょう)あるいは保築城(ほづきじょう)とも言う。2.黒井城の本丸跡。戦略家の光秀もこの城の攻略には手を焼いた。3.三の丸の跡。本城部には本丸、二の丸、三の丸が階段状に建っていた。

ここに立ち寄る!
黒井川で夜桜見物
黒井城周辺を観光するなら春がおすすめ。黒井城跡がある猪ノ口山の麓を流れる黒井川の堤には約5000本の桜が植わっていて、満開時には川を覆い尽くすように咲き乱れる。4月初旬にはライトアップも開催される。夜の闇に浮かぶように咲く桜は息を飲む美しさだ。

DATA
- 0795・78・9400(丹波市観光課)
- 兵庫県丹波市春日町
- あり
- (登山口まで)電車/JR福知山線「黒井」駅より徒歩20分、車/舞鶴若狭自動車道春日ICより8分

まるで山全体が要塞
直正が築いた堅牢な防御網

　ここからは、黒井城のルーツをたどってみることにしよう。その築城は南北朝時代にまでさかのぼることができる。建武2(1335)年、足利尊氏に従軍した赤松貞範が、猪ノ口山の山頂に砦を築いたのが始まりだと言われている。

　その後200年、数代にわたって城主の変遷を経た後、勢力の拡大とともに城の大改修を行ったのが、前ページで紹介した赤井(荻野)直正である。

　山頂にある主郭部には本丸、二の丸、三の丸を階段状に配置。これらを取り囲むように帯曲輪を巡らせた。こうした様式は中世の山城に多く見られる「連郭式」と呼ばれるもの。また、本丸と二の丸の南面にある石垣は、自然石をそのまま使用した野面積み。いかにも戦国時代の城らしく荒々しく積まれていたようだ。この石垣については、黒井城落城後に城主となった光秀の重臣・斎藤利三や、羽柴秀吉の家臣・堀尾吉晴といった武将らの手によって築かれたと考えられている。

　山頂の本城部のほかにも、山中の至るところで曲輪や土塁、堀切といった防御用施設の跡が見つかっており、山全体が城域として考えられた要塞のような城であったことに間違いはないようだ。いずれにしろ有能な戦略家としても知られ、命を落とすことになった「山崎の戦い」のほかは、この黒井城で直正に敗れた以外はすべての戦で勝利を収めた光秀。その光秀を追いつめたという事実からも、いかに黒井城が堅い防御を誇る山城であったことがうかがい知れるのではないだろうか。

荒々しく積まれた石垣の跡。ところどころに石垣や曲輪が残っている

猪ノ口山全体が城域として考えられ、要塞のような防御網を誇っていた

TOPICS
情報戦を制するため周囲の支城や砦を活用

黒井城が強固な防御を誇ったもうひとつの理由が、周囲に支城や砦があったこと。交通の要所に支城や砦を置くことで、敵の侵入などの情報をいち早くつかみ、すぐに本城へ知らせることで、戦いへの備えができたことも大きかったと言える。三尾山城などの支城が、黒井城周辺にも数多くあった。

NOW!
武将になった気分で黒井城を踏破せよ

黒井城は現在、トレッキングコースとしても楽しめる。コースは比較的ゆるやかなコースと健脚向けの急坂コースの2種類。城の正面を固めた三段曲輪や見張りの太鼓櫓があった太鼓の段の側にあるコースがより往時に使用されたルートに近いようだ。脚力自慢は一度、挑戦してみてはいかがだろうか。

丹波の赤鬼の実弟が築城
黒井城の重要な支城のひとつ

三尾山城跡
みつおさんじょうあと

三尾山の山頂にある「三尾城址」の石碑

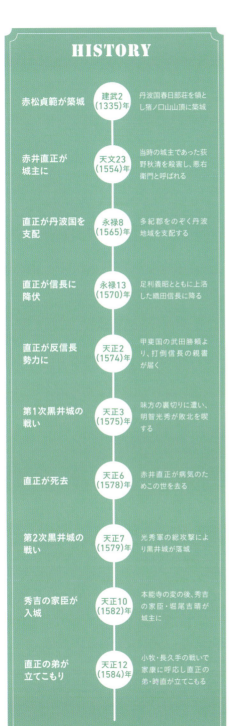

HISTORY

赤松貞範が築城	建武2(1335)年	丹波国春日部荘を領とし猪ノ口山山頂に築城
赤井直正が城主に	天文23(1554)年	当時の城主であった荻野秋清を殺害し、悪右衛門と呼ばれる
直正が丹波国を支配	永禄8(1565)年	多紀郡をのぞく丹波地域を支配する
直正が信長に降伏	永禄13(1570)年	足利義昭とともに上洛した織田信長に降る
直正が反信長勢力に	天正2(1574)年	甲斐国の武田勝頼より、打倒信長の親書が届く
第1次黒井城の戦い	天正3(1575)年	味方の裏切りに遭い、明智光秀が敗北を喫する
直正が死去	天正6(1578)年	赤井直正が病気のためこの世を去る
第2次黒井城の戦い	天正7(1579)年	光秀軍の総攻撃により黒井城が落城
秀吉の家臣が入城	天正10(1582)年	本能寺の変の後、秀吉の家臣・堀尾吉晴が城主に
直正の弟が立てこもり	天正12(1584)年	小牧・長久手の戦いで家康に呼応し直正の弟・時直が立てこもる

　黒井城から南東へ数kmの距離にある、三つの峰からなる標高586mの三尾山の山上にあった城の跡。「丹波の赤鬼」として恐れられ、明智光秀を死の淵にまで追い詰めた赤井直正の弟・幸家が築き、天正7(1579)年の黒井城落城とともに、廃城となっている。

　天正4(1576)年、光秀が黒井城へ攻め入った際、幸家は光秀軍として戦いに参加していた波多野秀治と示し合わせ、この三尾山城から出撃したと言われている。幸家らは光秀軍の背後を取り、急襲をしかけた。秀治の裏切りによって光秀軍は壊滅的なダメージを受けることになる。敗走した光秀は、なんとか居城である亀山城にたどりつくことができたという。

　東方の重要な地点にあった三尾山城は、黒井城の中でも最も大切な支城のひとつ。三つの峰のうち、最も南にある主峰に本城部を設け、東と西の峰に曲輪群、三つの峰から道の集まったところに中央曲輪などが配置されていた。現在は自然豊かな登山道が整備されている。戦国武将になった気分で歩いてみてはいかがだろう。

DATA
- 兵庫県丹波市春日町東中
- あり
- (登山口まで) 電車/JR福知山線「黒井」駅よりバスで15分、車/舞鶴・若狭自動車道春日ICより9分

46 興禅寺 こうぜんじ

徳川家光の乳母・春日局の生誕地

兵庫県 丹波市

興禅寺の本堂。黒井城が落城してから約50年後の寛永3(1626)年に移転してきた

山号は大梅山。曹洞宗の別格院で釈迦如来を本尊としている

幼少期の春日局を育てたのは
丹波攻めで落城した黒井城の下館

興禅寺は赤井氏が治めた黒井城南麓にある下館跡。平時には政務を行っていたとされる。明智光秀が丹波を平定した後の天正7(1579)年、この地を任された重臣・斎藤利三が居館とした。

後に江戸幕府3代将軍・徳川家光の乳母となる春日局(幼少期の名はお福)が生まれ、3歳まで過ごした場所として知られている。境内には、「お福の腰かけ石」や「お福産湯の井戸」といった当時の様子をしのばせる遺構が残っている。

利三は天正10(1582)年の「山崎の戦い」で羽柴秀吉に敗れて処刑されたため、お福は黒井城を出て母方の稲葉家で養育された。この黒井城下館が寺社になったのは寛永3(1626)年のことであった。現在の場所から150mほど南に位置していた誓願寺が移され、曹洞宗別格地興禅寺として生まれ変わったものである。

DATA
☎ 0795・70・3501
(かすが観光案内所)
🏠 兵庫県丹波市春日町黒井2263
🅿 あり ※丹波市役所春日庁舎の駐車場も利用可。
🚃 電車/JR福知山線「黒井」駅より徒歩10分、車/舞鶴若狭自動車道春日ICより20分

知っておくべき光秀用語

光秀の重臣・斎藤利三

美濃国出身の武将。光秀の信頼が厚く、明智秀満と並ぶ明智氏の筆頭家老に起用された。光秀による丹波平定後は黒井城主となっている。「山崎の戦い」で羽柴秀吉に捕まり、六条河原で斬首された。

1.美しく手入れの行き届いた庭園。2.幼少期の春日局が遊んだと言われる「お福の腰かけ石」。3.黒井城の下館跡であると推定される興禅寺。朱色の楼門は城のような威厳を誇る。

TOPICS
領民に愛された斎藤屋敷のお福様

指月殿の裏手にある深さ1.7mの井戸は、お福が生まれた時に産湯を汲み上げたもので、本堂の右右にある平たい大石はお福が遊んだ場所だと伝えられている。城下の野山を駆け回るなど活発な少女であったお福は、その可憐さと利発さから領民たちの間でも愛される存在だったようだ。

NOW! 黒井城全盛期の姿を残す景観

満々と水をたたえ東西に80mほど延びた七軒濠を隔てて、高さが5m近くもある石垣と白壁が巡らされている様子は、まるで城をイメージさせるようだ。寺院でありながら、かつての黒井城下館の面影を色濃く残している。

47 八上城跡 やかみじょうあと

数度にわたる光秀の攻めにも揺るがず

兵庫県
丹波篠山市

写真提供：ニッポン城めぐり

登山ルートの入り口にある八上城の解説看板。
しっかり読んでから登るとよい

光秀と波多野家による数度にわたる攻防が行われた
とは思えない、のどかな風景が広がる

信長の進める丹波攻略に最後まで抵抗する

1. 高城山の山頂にある八上城の本丸跡。八上城は中世山城の典型例と言われている。2. 最後の城主となった波多野秀治の供養碑が建っている。3. 高城山の山頂部にある二の丸跡。

黒井城とともに明智光秀が攻略に手こずったのが、この八上城である。織田信長の天下統一が始まった天正3(1575)年から、とうとう落城する天正7(1579)年までに、光秀に度々攻撃を仕掛けられても簡単に揺らぐことがないほど、堅い防御を誇った。

八上城は、室町時代から戦国時代にかけて、丹波地方の有力国人である波多野氏が本拠とした山城。現在の兵庫県と京都府の境に近い篠山盆地の中央南部にそびえる標高460mの高城山に本城が築かれていた。

信長の命によって行われた丹波攻略で、最後まで抵抗したのがこの八上城だ。幾度となく押し寄せる光秀軍を寄せ付けなかったのは、一族の氷上城主・波多野宗高、姻戚関係にある稲壺城主・赤井景遠や三木城主・別所長治、さらには中国地方の毛利氏らの支援があった上に、自然の地形をうまく取り入れた軍略的な陣地構築が敵軍を寄せ付けなかったと言われている。

何度となく攻めるものの、なかなか落ちない八上城に、光秀は長期戦を覚悟。支援する武将らとの連携を分断するために金山城を建てるとともに、八上城を包囲し続ける兵糧攻めを行った。その期間は数年にも及んでいる。光秀は八上城の兵糧攻めを行いつつも、各地で行われた戦いにも参戦するなどの活躍ぶりを見せている。

真綿で相手の首を絞めるような作戦が功を奏し、城主である波多野秀治やその弟の秀尚は捕らえられ処刑され、波多野家は滅亡した。これにより光秀は丹波国平定をようやく実現。信長の信頼は増すばかりとなっていった。

岐阜 GIFU
福井 FUKUI
滋賀 SHIGA
京都 KYOTO
大阪 OSAKA
兵庫 HYOGO
和歌山・奈良 WAKAYAMA・NARA

食べたい！ご当地名物

おいしい山の幸あれこれ

キノコの王様マツタケ、粒が大きくて甘い栗、色つやのいい黒豆、糖度が高く独特の風味がある黒枝豆…。八上城のある丹波篠山市は、山の幸の宝庫。そのどれもが最高級品ばかりだ。ふるさと納税の返礼品になっているものもある。

DATA
🏠 兵庫県丹波篠山市八上上字高城山
🅿 あり
🚃 (登山口まで)電車/JR福知山線「篠山口」駅よりバスで40分、
車/舞鶴若狭自動車道丹南篠山口ICより10分

111

応仁の乱をきっかけに室町時代から波多野氏の支配続く

ここからは八上城の歴史を振り返ってみることにしたい。代々この城の城主を務めてきたのは波多野氏である。出自については、石見の豪族をはじめ諸説あるが明らかにはなっていない。

波多野氏が勢力を強めたきっかけは、応仁元(1467)年から11年間続いた応仁の乱。波多野秀長が功を上げ、多紀郡の守護代に就任した際に、高城山南西の尾根先端部に奥谷城を築き、城下町を置いている。15世紀後半のことだった。

その後、16世紀前半になって高城山の主峰に八上城が築かれる。波多野氏は八上城を本城とし、奥谷城を支城とすることにした。弘治3(1557)年に、大和国の大名で後に「信貴山の戦い」で織田信長や明智光秀に敗れることになる松永久秀に城を奪われたものの、永禄9(1566)年に「黒井城の戦い」で光秀を裏切る波多野秀治が奪還している。支城である法光寺城はこれらの抗争に先立ち、八上城の防御力を高めるために築かれることとなった。

先述の通り、天正7(1579)年に光秀の兵糧攻めによって落城、波多野氏も滅ぶこととなったが、その後光秀の家臣である明智光忠が入城。初めて波多野氏以外の人間が城主となった。江戸時代に入ると、慶長7(1602)年には五奉行のひとりである前田玄以の子の茂勝が八上5万石の領主となった。

その6年後の慶長13(1608)年に茂勝がその任を解かれ、代わりに領地を与えられた松平康重がその翌年に篠山城を築城したことから、八上城は廃城となっている。

朝路池。直径3mはある大きな井戸の跡

登山コースにはうっそうと木々が生い茂る

TOPICS
八上城の名残を篠山城で感じる

松平康重が築城した篠山城は八上城より直線距離で西へ4kmほどの位置に建っている。篠山城の築城によって八上は廃城となったのだ。八上城の屋敷門が篠山城下に移築されて現存しているほか、八上城の石垣が、篠山城でも使われるなどとも言われており、その結びつきは強い。セットでの見学がおすすめ。

NOW!
丹波富士登山を楽しみつつ八上城をしのぶ

八上城が建っていた高城山はその姿から「丹波富士」と呼ばれ、市民から親しまれている。現在は登山道が整備されているので、ぜひ登ってみては。頂上までの約1時間の道中には、城主の屋敷跡や曲輪、石垣の跡などが。見晴らしのよい山上には本丸跡があるなど、ここに城があったことをしのばせる。

HISTORY

出来事	年	詳細
波多野元清が築城	永正5(1508)年	高城山の山上に本城として八上城を築く
松永久秀に奪われる	弘治3(1557)年	大和の武将との戦いに敗れ、八上城を奪われる
波多野秀治が奪還	永禄9(1566)年	久秀から八上城を奪い返す
信長が丹波攻略の命を出す	天正3(1575)年	光秀を総代として丹波攻略が開始される
波多野氏が滅亡	天正7(1579)年	光秀の兵糧攻めの前についに落城、波多野氏は滅ぶ
明智光忠が城主に	天正7(1579)年	滅亡した波多野氏に代わり城主となる
前田茂勝が入城	慶長7(1602)年	八上5万石の領主として入城する
松平康重が入封	慶長13(1608)年	茂勝に代わり、領土が与えられる
篠山城を築城	慶長14(1609)年	八上城から4km西に篠山城を築城
八上城が廃城に	慶長14(1609)年	篠山城ができたことによって廃城となる

丹波への入り口にある山城
光秀の2度にわたる攻撃に屈する

籾井城跡
もみいじょうあと

写真提供:ニッポン城めぐり

現在は籾井城公園として整備されている

　八上城から東へ10kmほどの距離に位置するのが、籾井城跡。八上城と同じく丹波篠山市内にある城のひとつだ。標高394mの白尾山に建てられた山城で、地区の名にちなんで安田城や福住城ともいう。

　城のある福住は京から山陰に入る交通の要所であり、丹波への入り口となっていた。福住十五村の領主である籾井照綱が永正年間(1504〜1521年)に築いたと言われている。織田信長に丹波攻略の命を受けた明智光秀により、天正4(1576)年と天正5(1577)年の2度にわたって攻撃を受けている。最後は光秀軍の圧力に屈し、籾井城は落城。籾井氏も没落した。

　山頂から四方に延びる尾根に沿って曲輪や堀切などが配置された典型的な中世連郭式の山城。天守はないが曲輪などの遺構が残っている。

　現在は籾井城跡公園として、登山道などが整備。ところどころにある砲台や曲輪といった遺構を見ながらトレッキングを楽しむことができる。歴史好きなら訪ねてみたいスポットだ。

DATA
- 兵庫県丹波篠山市福住
- あり
- (登山口まで)電車/JR福知山線「篠山口」駅よりバスで30分、車/舞鶴若狭自動車道丹南篠山口ICより25分

48 金山城跡（きんざんじょうあと）

奥丹波攻めの拠点となった山城

兵庫県 丹波篠山市

写真提供：ニッポン城めぐり

歌川広重の浮世絵にも描かれた自然が織りなす奇岩・鬼の架け橋

金山山頂からの眺め。光秀が攻略をたくらむ八上城と黒井城の両方を見ることができた

八上城と黒井城を落城させた
丹波制圧の最重要軍事拠点

織田信長の命を受けて丹波攻略に乗り出した明智光秀が、丹波東部の多紀郡を治める波多野氏と、丹波西部の氷上郡を治める赤井氏の連携と補給ルートを断つことを目的に一時的に築いた山城。標高537mの金山の頂上に建つ本丸からは、波多野氏が城主を務める八上城と、赤井氏が城主を務める黒井城の両方が見渡せた。光秀にとって軍事戦略上、絶好のロケーションだったと言えよう。

光秀は、八上城を包囲した後の天正6(1578)年9月に金山城の築城を開始し、翌年10月の普請まで1年間をかけた。しかし、築城中の天正7(1579)年6月に八上城が、同8月には黒井城が、それぞれ落城している。金山城は本能寺の変の後に廃城したのではないかと考えられている。城跡南東にある追入神社脇に登山道の入り口がある。山頂までのハイキングコースが整備されている。

DATA
☎ 0795・73・0303
（かいばら観光案内所）
住 兵庫県丹波篠山市追入
P あり
交 電車/JR福知山線「篠山口」駅よりバスで15分「追入」バス停下車徒歩60分、車/舞鶴若狭自動車道丹南篠山口ICより15分

ここに立ち寄る！
桜と紅葉の名所・鐘ヶ坂公園

春には300本のソメイヨシノが咲き誇ることから「丹波吉野」と呼ばれている。秋の紅葉もまた美しい。江戸時代の浮世絵師・歌川広重も『六十余州名所図会』で描くほど風光明媚な場所だ。

1.金山の山頂には金山城本丸跡の碑が建っている。2.追入神社の脇にある登山道の入り口。ここから山頂までハイキングコースが設定されている。3.昭和59(1984)年に建てられたという、朽ちかけの馬場跡を示す看板

TOPICS
歌川広重も描いた巨岩が織りなす自然芸術

主郭から西にあるのは、奇岩として知られる「鬼の架け橋」。大きなふたつの岩の間に別の岩が倒れ込み、橋のような形状となっている。実は江戸時代から人気の観光名所でもあり、名浮世絵師のひとり歌川広重も日本全国の名所を紹介した『六十余州名所図会』の中でもその姿を描いている。

NOW!
山城特有の荒々しい石垣

金山の山頂には、本丸を中心に、二の丸、矢島丸、朽木丸、加々丸、コキリ丸などの構えがあったとされる。本丸の櫓台、石垣、曲輪、馬場跡などは残されていて、往時をしのぶことができる。山頂へ登って、ぜひ八上城のあった高城山と黒井城のあった猪ノ口山を眺めてみてはいかがだろう。

49 祖父祖父堂 そふそふどう

丹波攻略の犠牲者を供養

兵庫県 丹波市

光秀への帰属を拒み謀殺された地侍たちの菩提を弔う

DATA
- ☎ 0795・87・2222（あおがき観光案内所）
- 🏠 兵庫県丹波市青垣町栗住野502-2
- 🚃 電車/JR福知山線「石生」駅よりバスで40分、「栗住野」バス停下車 徒歩6分
- 🚗 車/北近畿豊岡自動車道 青垣ICより7分

知っておくべき光秀用語

九州とは縁がないのに日向守

天正3（1575）年、光秀は朝廷より惟任（これとう）という名字が与えられるのと同時に日向守に任じられた。日向国を治めることになったが、形式上のことで実際に政務は行っていない。

TOPICS
犠牲者を悼む里人たちの思い

祖父祖父堂周辺の集落では、毎年、施餓鬼（飲食を与えて経を読む供養）の日に樫木に「南無阿弥陀仏」と書いた木札を各戸に立て、光秀に殺害された36人の犠牲者の子孫の家に供え物を捧げる習慣があったという。

NOW!
今なお残される苔むした石碑

現在の祖父祖父堂は移築されたものだ。栗住野公民館前の庭に「南無阿弥陀仏」と彫られた自然石の石碑があり、ここが犠牲者の首を埋葬した首塚の本来あった場所だと伝えられている。

1. 光秀による丹波攻略の犠牲者の孫たちが祖父らを供養するために建てたと言われる祖父祖父堂。2. 曹洞宗の寺院、宝林寺内にある。3. 宝林寺の境内の様子。

天正7（1579）年、日向守であった明智光秀による丹波攻略の犠牲者を供養するために建立された。黒井城侵攻の際、光秀はすでに落城した栗栖野城の地侍である足立主人之介など36人に帰順を促した。しかし、聞き入れられなかったために、和睦と称して氷上郡柏原八幡山の陣屋に招いて毒酒を盛って殺害し、彼らの首を竹槍に突き刺して栗栖野川原に晒したとされる。

この亡骸を弔うために、栗栖野・西芦田・口塩久の里人が、密かに亡骸を埋めた首塚をつくった。慶長6（1601）年にその首塚の傍らに建立された堂が祖父祖父堂だ。犠牲者の孫たちが建立したためにこの名が付いたとも言われる。お堂の中には石の御仏が鎮座し、正面にも石仏が並んでいる。

50 妙法寺 みょうほうじ

家系存続に命を懸けた侍が眠る

兵庫県 丹波市

DATA
- ☎ 0795・87・0090
- 兵庫県丹波市青垣町小倉809
- P 30台
- 電車/JR福知山線「石生」駅よりバスで約30分、車/北近畿豊岡自動車道青垣ICより5分
- HP http://www.i-myouhouji.com/

本能寺の変に加わり
一族のために自害した丹波の地侍

ここに立ち寄る！
パラグライダーで町おこし

妙法寺と同じ町内にはパラグライダーの練習場が。町おこしにと標高718mの岩屋山に設置された。インストラクターが教えてくれるので初心者でもOK。鳥になった気分で大空の散歩を楽しんでみよう。

1. 光秀が陣屋としてこの場所を利用したという言い伝えがある。2. 享保14(1729)年に建立された山門。3. 横に長い造りをしている妙宝寺の本堂。

TOPICS
自らの命を懸けて血脈の存続を願う

妙法寺は足立家の下屋敷に建てられている。開祖である基則の墓は、寺内の歴代住職墓地にある。法名は源勝院殿日法大居士といい、足立一族の祖先を祭った3つの石碑と並んで弔われている。

NOW！
足立家本流の菩提を守り続ける

妙法寺の本尊は「久遠の本仏」。無始・無終の寿命を持つ救済主のことを指している。境内には、北斗七星、北極星を神格化した神「妙見菩薩」を祭る妙見堂もある。山門は享保14(1729)年に建立されたものだ。

天文22(1553)年に足立権太兵衛基則により建立された法華宗の寺。明智光秀の陣屋として使われたとも言われる。基則は岩本城・山垣城の城主であったが、弘治元(1555)年の香良合戦により黒井城主・赤井直正率いる赤井一族の奇襲を受け敗退。その後、足立一族は直正の傘下に入るものの、基則は赤井一族に造反して城を去り、光秀の臣である斎藤利三の傘下に入って転戦。本能寺の変にも参加したとされる。

光秀亡き後、羽柴秀吉による丹波地方での明智残党狩りが始まったため、自身の造反が足立一族に影響を及ぼすことを防ぐ目的で、天正11(1583)年1月18日に亀山城にて養子宗忠、弟宗立とともに自害したと記されている。

51 円通寺 えんつうじ

光秀直筆の「禁制」が遺る

兵庫県 丹波市

赤井一族の本拠地でありながら丹波攻めの兵火を免れた寺

DATA
- ☎ 0795・82・1992
- 🏠 兵庫県丹波市氷上町御油983
- 🚃 電車/JR福知山線「石生」駅よりバスと徒歩で45分、車/北近畿豊岡自動車道氷上ICより10分
- 🌐 http://pleasantly.sakura.ne.jp/1Toppage.htm

ここに立ち寄る！
丹波紅葉三山を巡る

参道に紅葉のトンネルができる円通寺、もみじ祭りが開かれる石龕寺（せきがんじ/山南町）、天目カエデが見られる高源寺（青垣町）は「丹波紅葉三山」と呼ばれる紅葉スポット。三寺三様の美しい紅葉を楽しもう。

1.階段を上った奥にある円通寺の本堂。丹波地方一の大きさを誇っている。2.幕末の志士である山岡鉄舟の直筆の碑が残っている。3.入り口にある円通寺の石碑。

TOPICS
光秀の筆跡が生々しく記される

円通寺には「禁制」の書状が保管されている。これは兵が寺社で乱暴をはたらくことを禁じる内規である。花押があり、光秀自ら書いたものとされており、大変貴重な資料といえる。

NOW!
大勢の見物客で賑わう美しい糸桜

本堂の裏に植えられているのは樹齢200年になるシダレザクラ。無数の糸が降り注ぐように見えることから「円通寺糸桜」と呼ばれている。春には美しく咲き誇るシダレザクラを一目見ようと多くの観光客で賑わう。

永徳2(1382)年、時の将軍足利義満が、後円融天皇の勅命を奉じて創建した禅寺。一千石を超える寺領を持ち、室町時代から江戸末期にかけて丹波、但馬、播磨、摂津の200あまりの寺院を配下に置いた。織田信長の中国攻略に伴い、明智光秀が丹波攻めを行った際は、氷上郡の神社仏閣のほとんどが焼き払われている。しかし、この地の豪族荻野喜右衛門が光秀の本陣に赴いて保護を求めた結果、円通寺は兵火を免れたと寺伝に記されている。その証として天正6(1578)年9月付けで書かれた光秀直筆の「下馬札」が遺されている。禁制は自軍の狼藉を禁ずるもの、下馬札は馬での乗り入れを禁ずるもので、寺内を保護し安全を守るという証文だ。

52 誓願寺 せいがんじ

八上城合戦図絵が遺されている

兵庫県 丹波篠山市

DATA
- ☎ 0795・52・0361
- 🏠 兵庫県丹波篠山市魚屋町45
- 🚃 電車/JR福知山線「篠山口」駅よりタクシーで20分、車/舞鶴若狭道丹南篠山口ICより10分

光秀に反旗を翻して滅んだ波多野家最後の当主・秀治が眠る

ここに立ち寄る！
家康が築いた篠山城

篠山城は徳川家康が豊臣氏との戦いのため、山陰道の要衝地に造らせた城。築城の名手・藤堂高虎が手掛けた。城址には、二条城の二の丸御殿に匹敵する木造住宅建築の大書院が復元されている。

1. 八上城下から移築したと言われる山門。2. 朱色をした本堂。3. 誓願寺は浄土宗の寺院。山門の前には寺の言われや歴史を紹介する案内看板が建っている。

TOPICS
戦国大名としての波多野家は断絶

八上城で光秀に降伏した秀治は、弟・秀尚とともに捕らえられ、安土城へと送られて信長により磔の刑に処された。波多野家は滅亡。菩提は誓願寺に弔われている。

NOW!
組木で作られた本堂と山門

本堂と山門は、釘を用いず組木のみで作られている。現在の場所に移築された後も創建時のままの姿を残している。『八上城合戦図絵』のほか、手厚く保護された、秀治の肖像画も残されている。

天正年間(1573～1592年)の初期、丹波国の大名・波多野家の当主である波多野秀治の保護を受けて八上城下に開基。慶長15(1610)年、篠山城築城に伴って現在の地に移った。秀治は当初織田信長の軍勢につき、天正3(1575)年には信長に派遣された明智光秀軍に加わる。しかし、織田氏に対抗する丹波地方の豪族との協力体制も維持していた。

天正4(1576)年1月、黒井城を兵糧攻めしていた光秀に反旗を翻し、光秀軍を3方向から攻め入って撃退した。その後、光秀による再度の丹波侵攻が始まる。秀治は居城である八上城に籠城、1年半にわたって激しく抗戦するが、天正7(1579)年に降伏した。誓願寺にはこの際の様子を描いた『八上城合戦図絵』が保管されている。

53 柏原八幡神社 かいばらはちまんじんじゃ

光秀が丹波攻めで本陣を置いた

兵庫県 丹波市

厄除神社。厄除神事として日本最古の形式を脈々と受け継いでいる

本殿の裏手には三重塔がある。屋根を支える力士の姿をみることができる

黒井城の戦いの兵火で焼失した社殿が秀吉の命によって再建される

平安時代の万寿元(1024)年に、京都の石清水八幡宮の分霊を祭り、丹波国「柏原別宮」として創建された。「丹波柏原の厄神さん」の通称で親しまれ、全国から多くの参拝者が訪れている。

黒井城から南西の位置にあり、黒井城攻略に絶好の場所であったことから、織田信長の命を受けて丹波攻略を行った明智光秀が柏原八幡神社のある八幡山に城を築き本陣を置いたと伝えられている。天正7(1579)年に社殿が焼失。これは光秀が2度目の黒井城攻めに討って出た際に、その兵火が社殿に燃え移ったことが原因だと言われている

光秀亡きあとの天正10(1582)年、羽柴秀吉は黒井城が落城した後に新たな黒井城主となった堀尾吉晴に社殿の造営を命じている。その3年後の天正13(1585)年には、現存する本殿と拝殿が完成した。文化財としての価値が高いことから、昭和25(1950)年には国の重要文化財に指定されている。

DATA
☎ 0795・72・0156
兵庫県丹波市柏原町柏原3625
P あり
電車/JR福知山線「柏原」駅より徒歩5分、車/北近畿豊岡自動車道氷上ICから10分
http://www.kaibarahachiman.jp/

ここに立ち寄る！
メルヘンチックな柏原駅
柏原八幡神社への最寄駅となるJR柏原駅の駅舎は、平成2(1990)年開催の「国際花と緑の博覧会」で利用されていた建物をそのまま移築した。その姿はまるでおとぎ話の世界から飛び出してきたかのようだ。

1.柏原八幡神社の複合社殿。本殿と拝殿がつながっているのが特徴的な建造物。後の社殿造りにも影響を与えたと言われている。2.本殿の前にいる豪快で躍動感のある狛犬。作者である丹波佐吉の最高傑作と言われている。3.洞穴の中にある祠を境内で参拝することができる。

TOPICS
本殿と拝殿が接合した複合社殿に注目

秀吉の命で黒井城主の堀尾吉晴が造営した社殿は、三間社流造りの本殿と入母屋造りの拝殿が接合した複合社殿となっている。こうした本殿と拝殿がつながっている建築様式は、日光東照宮などでも見られる権現造の先駆けではないかとも言われている。建築史からみても非常に貴重な建造物だと言えよう。

NOW!
毎年10万人の人出で賑わう柏原の厄神さん

毎年2月17、18日の両日には、柏原八幡神社最大の神事であり、「柏原の厄神さん」として親しまれている厄除大祭が開催される。期間中は厄除けの神事が厳かに行われるほか、社殿や境内にある三重塔がライトアップされ、幻想的な雰囲気に。毎年10万人を超える参拝客が厄落としのために訪れ、門前町は大いに賑わっている。

和歌山県

奈良県

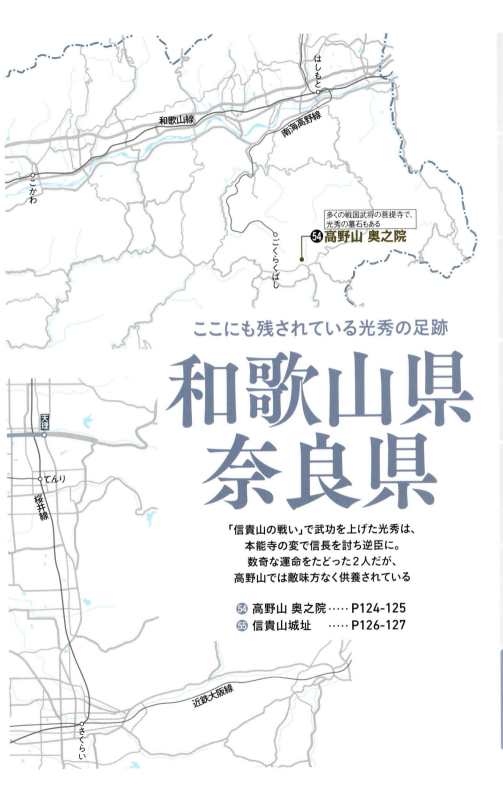

多くの戦国武将の菩提寺で、光秀の墓石もある
㊹ 高野山 奥之院

ここにも残されている光秀の足跡
和歌山県 奈良県

「信貴山の戦い」で武功を上げた光秀は、
本能寺の変で信長を討ち逆臣に。
数奇な運命をたどった2人だが、
高野山では敵味方なく供養されている

㊹ 高野山 奥之院 …… P124-125
㊺ 信貴山城址 …… P126-127

54 高野山 奥之院 こうやさんおくのいん

織田、豊臣、徳川など戦国武将たちの墓所

和歌山県 伊都郡高野町

写真提供：高野町観光振興課

明智光秀の供養塔は奥之院への中ほどにある中の橋の手前、石田三成の供養塔の隣にある

ナイトウオークは日本人だけではなく、外国人にも人気。多くの参拝客が訪れる

信長と光秀の墓が建つ奥之院の懐の深さ

高野山は、世界遺産にも登録された真言密教の一大聖地。弘仁7(816)年、嵯峨天皇より下賜されたこの地を空海(弘法大師)が真言密教の根本道場を建立する願いを持って、信仰の山として開いたのが始まりだ。

入定後も弘法大師は、奥之院の廟窟で即身仏として生き続け、世の平和と人々の幸福を願い続けた。戦国武将からも厚い信仰を得ている。そのため、戦国時代から武将たちがこの奥之院に供養塔を建立し、江戸時代に入ると徳川家康が墓提所と定めたことから、多くの大名たちが墓や供養塔を建てるまでに至った。

明智光秀、織田信長、豊臣秀吉、武田信玄、伊達政宗、石田三成…。名だたる武将たちの墓が樹齢千年もの杉木立の中に並ぶ。まるで光秀の無念を表すかのように縦に割れた墓石の謎は不明のままだ。

DATA
☎ 0736・56・2468(高野町観光協会) 住 和歌山県伊都郡高野町高野山奥の院 P あり 南海高野線「高野山」駅より南海りんかんバス奥の院行20分、「奥の院前」バス停より徒歩10分 HP https://www.koyasan.or.jp/(高野山真言宗総本山金剛峯寺) http://www.koya.org/(高野町観光協会)

食べたい！ご当地名物
目で楽しむ精進料理
高野山を訪れたら、ぜひ味わいたいのが精進料理。僧侶が食べるため素朴で薄味なものというイメージがあるが、そんなことはない。高野山の精進料理は目で楽しむため、見た目も豪華なのが特徴だ。

1.弘法大師を祭る弘法大師御廟に最も近い御廟橋。ここより先は聖域となるため、服を正し、一礼をしてから橋を渡る。2.奥之院へと続く参道。道の両側には戦国武将らの供養塔や歌人の句碑などが建ち並んでいる。3.明智光秀の供養塔。

TOPICS
「一の橋」から参拝が正式
一の橋から弘法大師の御廟まで樹齢550年に及ぶ杉木立の中に、戦国武将をはじめ諸大名などの墓や慰霊碑が並んでいる。この墓地群を通り、御廟橋を渡ったところに、弘法大師の御廟や歴代天皇陵がある。一の橋から御廟までの約2キロの道すがら、松尾芭蕉などの歌碑も見ることができる。

NOW!
奥之院は訪日外国人にも大人気！
平成16(2004)年7月「紀伊山地の霊場と参詣道」としてユネスコ世界文化遺産に登録。「ミシュラン・グリーンガイド・ジャポン」において、三つ星を獲得するなど世界各国の旅行者にとっても注目の観光地だ。毎月20日には「心の癒し お逮夜ナイトウオーク」(無料)を開催。

55 光秀が功なり名を上げた
信貴山城址
しぎさんじょうし

奈良県
平群町

信貴山は奈良を代表する花見のスポット。
桜の季節は大勢の見物客で賑わう

ご来光スポットとしても知られている。
初日の出を拝みにくる人もいる

信貴山城の戦いで松永久秀を討ち
信長にさらに引き立てられる

奈良県の西部にある標高437mの信貴山頂に、天文5(1536)年に建てられた戦国期の典型的な山城。戦火により一旦焼失したが、大和国を治めた松永久秀によってスケールの大きな城に改修された。

この城が歴史の舞台となったのは、築城から約40年後の天正5(1577)年のことだった。織田信長に謀反を起こした久秀が信貴山城に籠城。信長は明智光秀らを筆頭とする4万の大軍を送り込み、攻城戦が繰り広げられた。いわゆる「信貴山の戦い」である。

追いつめられた久秀は信長が欲しがっていた名茶器「平蜘蛛茶釜」を割り、天守とともに自害したと伝えられている。一方、大きな功績を残した光秀は、特定の上級家臣しか催すことのできなかった茶会の開催を信長から許されるようになるなど、その名を上げた。

DATA
☎ 0745・44・9855
（信貴山観光協会）
住 奈良県生駒郡平群町信貴山2280-1
P あり
交 電車/近鉄生駒線「信貴山下」駅よりバスで10分
車/西名阪自動車道香芝IC、法隆寺ICより20分
HP http://www.shigisan.org/

知っておくべき光秀用語
戦国三大梟雄のひとり 松永久秀
悪行の数々から、北条早雲、斎藤道三とともに「戦国三大梟雄（きょうゆう）」のひとりに数えられている。希代の謀略家として知られ、そのしたたかな生き方は若き光秀にも大きな影響を与えた。

1.今から約1400年前、聖徳太子が毘沙門天を祭るために創建したと言われる朝護孫子寺。2.昔ここに信貴山城があったことを伝える碑、土塁、堀、城門の跡などが残っている。3.朝護孫子寺の本堂からは大和平野が一望できる。

TOPICS
奈良県下一の規模を誇る
松永久秀が永禄2(1559)年に大規模な改修をしたことでも知られる信貴山城。その城郭は南北が約700m、東西が約550mという巨大なスケール。奈良県下にある山城の中で最も大きな規模を誇っていた。築かれた曲輪は110にも及ぶという。その中のひとつ北端の曲輪は「松永屋敷」とも呼ばれていた。

NOW!
多くの寺社がある信仰の山
古来より「信じるべき、貴ぶべき山」と言われ、信仰の対象として崇め奉られてきた信貴山。信貴山城址や松永屋敷跡などの歴史の息づかいを感じさせる史跡のほか、朝護孫子寺や千手院をはじめ、数多くの寺社があることでも知られている。また、山頂は展望スポットとしても有名。数多くの観光客で賑わいを見せている。

企画編集・デザイン	株式会社ネオパブリシティ
執　筆	鶴哲聡 綾部綾・クレインズ
写　真	江崎浩司 村松繁昌 日本の城　写真集（http://castle.jpn.org/） 城めぐりチャンネル（https://akiou.wordpress.com/） ニッポン城めぐり（https://cmeg.jp/w/） 福知ナビ（https://fukuchi-navi.com/） （公社）びわこビジターズビューロー PIXTA 京都写真（https://photo053.com）
地　図	庄司英雄
協　力	京都府・京都市・亀岡市・宮津市・長岡京市長岡京市教育委員会・福知山市・ 周山慈眼寺・岐阜県・岐阜市・恵那市・瑞浪市・山県市・可児市・福井県・福井市・ 敦賀市・坂井市・兵庫県・丹波篠山市・和歌山県・高野町・滋賀県・大阪府・ 光秀寺ならびに高石市教育委員会・岸和田市・比叡山延暦寺・信貴山朝護孫子寺
印刷製本	株式会社シナノ

歴史紀行ガイド

明智光秀の足跡をたどる旅

第 1 刷　2019年11月29日

著　者　「明智光秀の足跡をたどる旅」製作委員会

発行者　田中賢一

発　行　株式会社東京ニュース通信社
〒104-8415　東京都中央区銀座7-16-3
電話 03-6367-8004

発　売　株式会社講談社
〒112-8001 東京都文京区音羽2-12-21
電話 03-5395-3608

落丁本、乱丁本、内容に関するお問い合わせは発行元の株式会社東京ニュース通信社までお願いします。
小社の出版物の写真、記事、文章、図版などを無断で複写、転載することを禁じます。また、出版物の一部あ
るいは全部を、写真撮影やスキャンなどを行い、許可・許諾なくブログ、SNSなどに公開または配信する行
為は、著作権、肖像権などの侵害となりますので、ご注意ください。

©[AKECHIMITSUHIDENOSOKUSEKIWOTADORUTABI]SEISAKUIIINKAI 2019 Printed in Japan
ISBN978-4-06-518434-9